五福俱全

朱南阳题

著名书法家米南阳为本书题写书名

一脉相连立擂俱金
立帝虑顺安贵心
丑宽仁厚德妙悟
达魁瞻渺通遐继荣
传遥会红光大师高
坐阅荣和延强教龙
维锦

冯络相争春演艺术系常贵田先生
东南楼赵策

著名书法家米南阳为常贵田先生题词

本书作者常贵田

常贵田与常宝华演出照

常贵田与搭档王佩元

慰问海陆空三军战士

面对一个观众的演出

为了看二常，爬树又爬墙

子弟兵也追星

电视剧《水兵俱乐部》剧照

祖孙档——常宝华与常贵田之子常悦

父子档——常贵田与儿子常悦

五"独"俱全

常贵田 —— 著

天津出版传媒集团

天津人民出版社

图书在版编目(CIP)数据

　　五"独"俱全 / 常贵田著. –– 天津：天津人民出版社, 2018.5
　　ISBN 978-7-201-13334-8

　　Ⅰ.①五… Ⅱ.①常… Ⅲ.①常贵田-自传 Ⅳ.①K825.78

　　中国版本图书馆 CIP 数据核字(2018)第 076561 号

五"独"俱全
wudujuquan

出　　版	天津人民出版社
出 版 人	黄　沛
地　　址	天津市和平区西康路 35 号康岳大厦
邮政编码	300051
邮购电话	(022)23332469
网　　址	http://www.tjrmcbs.com
电子信箱	tjrmcbs@126.com

责任编辑	张素梅
装帧设计	明轩文化 王　烨

印　　刷	高教社(天津)印务有限公司
经　　销	新华书店
开　　本	787 毫米×1092 毫米　1/16
印　　张	14
插　　页	5
字　　数	120 千字
版次印次	2018 年 5 月第 1 版　2018 年 5 月第 1 次印刷
定　　价	48.00 元

序

姜 昆

喜欢相声的观众,没有不知道常贵田这个名字的。

常贵田先生可是实实在在的相声世家出身。

爷爷常连安,辈分和马连良大师同属连字科,相声界的一代宗师。

据说,侯宝林先生的相声,在京津还没火起来的时候,"小蘑菇"的名声已经蜚声京、津、冀、鲁。这个艺名叫"小蘑菇"的,就是常贵田的父亲常宝堃先生。

常宝堃先生是中国相声界最有时代色彩的一位老前辈。说他有色彩,是因为:日伪时期,他敢讽刺日伪反动统治,表演相声《牙粉袋》《打桥票》,为此遭到逮捕、毒打;被释放后,反动当局曾威迫利诱他编演讽刺共产党的相声,他断然拒绝;新中国成立后,他致力于新相声的改革和创新,编演了许多新作品如《新灯谜》《家庭论》《封建的礼节》等,歌颂社会主义新人新事新风尚。1951年,参加中国人民赴朝慰问团到朝鲜慰问演出。4月23日,在朝鲜前线演出过程中,遭美军飞机疯狂轰炸扫射,不幸牺牲,为国捐躯。常宝堃先生的葬礼,是中国艺术界中唯一一位由市长领队、天津万人空巷前去送行的艺术家,这个色彩是中国艺术家身上的革命色彩。

常贵田先生身上传承的不仅是他相声世家的传统,更有他父辈留下来的革命传统。

我从踏上相声艺术道路开始,就在各位相声前辈的艺术陶冶中前进。

1977年参加全国曲艺调演,我以一个黑龙江生产建设兵团业余相声演员的身份结识了常贵田先生。第一次见他的时候,他的谦虚让我受不了。"你和师胜杰的相声,我们都观摩、学习过了。""你们小段的本子能不能给我一个,我们学着演出试试。""看过我们的演出吗? 多提提意见!""你们从基层来,比我们生活多!"

这就是已经说过《死伤登记处》《喇叭声声》、在相声界非常有名的常贵田老师。相声界的前辈,大都不愿意让自己的孩子从事他们的老本行,可能是他们认为相声这一行太难出人才、出好作品。一方面,不愿再让孩子们受罪;另一方面,也怕他们学得高不成低不就,反倒有辱门庭。可在我接触常贵田先生的时候,我的第一印象就是他的身上没有一点儿相声世家、名门之后的感觉,他是一个标准的人民解放军战士,百分之一百的文艺兵。他的和蔼可亲和谦虚,给了我这个相声新兵温暖的感受,影响了我走入这个大家庭后给自己定下的做人准则——对同道心存平实,于艺术怀抱忠诚。

在这个集子里,常贵田先生叙述了相声大家庭"常氏家族"的历史、"常氏家族"三代人对相声艺术的贡献。在中国文化艺术界和相声观众心中,都深知"常氏家族"的分量,在中国相声发展史上,占有重要位置。如今第四代的常亮、常远、杨凯也开始崭露头角。

可以说,如果评选一个家庭中相声演员最多者,常氏当仁不让,独占鳌头。理论界认为,常家祖辈是满族正白旗人,其家族算得上是近代中国相声史的一个缩影。

"常氏家族"称得上是相声界的文化世家,既称得上"世家",

必定有世代相承，而且"常氏家族"有自己可以标榜青史的"世家精神"。世家原指出身显贵、世代沿袭之大的家族，后来"世家"也被指以某种专业世代相承的家族，而且有着丰富的人文内涵。作为历史文化传统，"世家精神"不仅意味着地位、头衔和专业技能，也意味着社会行为准则和价值标准。它包括文化教养、社会担当、对专业的高度文化自觉以及高层次的追求和强烈的社会责任感。

在常贵田先生的这本书里，对于"世家精神"这方面的体现，应该说是一览无遗的，每一位读者都可以自己去用心品味。他所记叙的，不仅仅是相声的表演和传承，而且记叙了前辈们怎样有鉴别地对待传统、有扬弃地予以继承，如何让作为中华优秀传统文化一部分的相声艺术在新时代发扬光大，为国家发展和民族复兴献出微薄之力，从而让受众从优秀传统文化中提振民族精神。

习近平总书记提出：怎样对待本国历史？怎样对待本国传统文化？这是任何国家在实现现代化过程中都必须解决好的问题。几千年来，中华优秀传统文化在中华民族的生存和发展中，始终发挥着十分重要的作用。今天，在实现中华民族伟大复兴中国梦的历史征程中，我们应当按照习近平总书记提出的"对绵延5000多年的中华文明，我们应该多一份尊重，多一份思考"的要求，去细细地思考我们相声事业的发展和传承。常贵田先生讲述的"世家精神"，有旧艺人怎样恪守人格尊严，也有新时代的相声艺术家如何追求崇高与卓越。我们说，文化是一种价值认同，是深入人心的、熏神染骨的，一旦被人们接受，就会体现在社会生活的时时刻刻、方方面面，渗透在家庭、村庄、学校，成为一种文化传承方式。

习近平总书记在"一带一路"多国首脑会议上向外宾介绍说："在北京你们不仅可以欣赏到传统的京剧和相声,还可以欣赏到芭蕾舞和交响乐。"习主席对相声艺术的殷切希望尽显其中。相声应该怎么做? 相声应该做什么? 我们相声大家庭的每一个成员,是不是都应该认真地答好这个答卷呢?

我愿意把常贵田先生的这本书看成是我们共同回答的开始。

目　录

引子 ……………………………………………… 1

蘑菇"树" ………………………………………… 4

"活爷爷"的贺词 ………………………………… 19

初次登台 ………………………………………… 23

追根溯源 ………………………………………… 36

离家出走 ………………………………………… 42

父亲殉国 ………………………………………… 52

荷塘清趣 ………………………………………… 62

拜师 ……………………………………………… 65

学徒 ……………………………………………… 83

军缘 ……………………………………………… 88

入伍 ……………………………………………… 93

"敌"我逗哏 ……………………………………… 97

战地生活 ………………………………………… 100

曹操和家雀儿 …………………………………… 106

难忘的 1959 ……………………………………… 112

昨日的重奖 ……………………………………… 117

不挨骂,长不大 ………………………………… 125

奋战高原 ………………………………………… 128

研究"动力" ……………………………………… 141

写兵、演兵 ···································· 143

两张照片 ···································· 147

品苦说乐 ···································· 158

三赴越南 ···································· 162

新课题 ···································· 174

朝鲜真奇妙 ···································· 177

哪儿收获大 ···································· 182

夫妻之间 ···································· 189

性情中人 ···································· 193

取长补短 ···································· 196

网缘 ···································· 201

亲上加亲 ···································· 204

相声会消亡吗 ···································· 209

跋 ···································· 214

引 子

《人民日报》1961 年 5 月发表了一篇题为"相声世家"的文章,向广大读者介绍了常氏家族。这个家族靠相声发家,靠相声出名,靠相声为社会做出贡献,也靠相声得到广大观众的厚爱,被誉为"相声世家"。

我就生长在这个有十几口子人说相声的家族之内。就像人们常说的,我是个世家子弟。我这个世家子弟与众不同的是,我还是烈士子弟。我的父亲常宝堃,"您"是相声界的佼佼者。特别说一句,北京是礼仪之乡,礼仪语言习惯地把你和他称为"您"和"怹"。开始我也是写的"怹"。我的一个好朋友看了初稿,指出现在大部分人、特别是年轻人不认识"怹"这个字,即便认识也不使用"怹"这个字。为了大家看着方便,咱也和世界接轨,一律称他。用今天的话说:当年他是相声界里顶级的大腕儿。"蔓儿"是曲艺、相声界的行话术语。但不是铁腕、手腕这个腕,而应该是"蔓",亦多有写成"万"的。如今,连红头文件写的都是手腕的腕。入乡随俗也好,保持一致也罢,就用这个腕吧。我父亲英年早逝,29 岁赴朝慰问中牺牲了,党和国家授予他"人民艺术家""革命烈士"的光荣称号。托祖上荫福,既是艺术世家子弟又是烈士子弟的,全中国只有我一个,大概……可能全世界都别无分号,"独此一家"。这是第一"独"。

1958 年我考进海政文工团,成了一名军人,至今六十年了。在部队中六十年的老军人,有的是,可六十年职务一直不变的,少! 人家是排长、连长、营长……一级一级干起来,最后"弄"个司令、参谋长当当。我呢？从参军到现在，甭管填什么表，"职务"一栏总是俩字——演员，从来没变过。也许您会有疑问："参军六十年的文艺战士，不止你一人，还有吧？"我肯定地回答您：有！参军六十年的文艺兵至今没退的还有呐。可有一样，参军这么多年的文艺兵，从工作那天起，一直在一个单位的，我数了数、算了算，就我一人。现在的老兵谁也不敢拍着胸脯说"我从参军到现在没挪过地方"，这话只有我敢说！俗话说"人挪活，树挪死"，你干吗不挪挪？实话实说，我想挪过也要求挪过，没挪动。今天反思一下，那时候真要挪了，重打锣鼓另开张，也未必不无困难，就连说一句"我从参军到现在没挪过地方"的资本都没了。甭管您怎么说，反正现在的海政歌舞团，在职的时候我是第一"元老"——从工作起，六十年在一个单位、任同一个职务，您说够独特的了吧？这又是一"独"，二独了吧。

我是1958年10月23日到文工团报到，26日就只身奔赴上海，找到自己的队伍——海政文工团曲艺杂技队，并随队奔赴福建前线慰问正在炮击金门的最可爱的人。从那时起，我就与各种"前线"结下了不解之缘。您算：1958年炮击金门是我首次赴前线慰问，这之后的"平叛匪"之战、中印边界自卫反击战、西沙群岛自卫反击战、中越边境自卫反击作战……这些是大战。"小打小闹"的也不少，哪儿"待击"，哪儿"备战"，哪儿"假战"（演习），哪儿"大比武"……文工团也是慰问到第一线，而每逢此事，我必在其内。还有抢险救灾呐，真是"哪里有危险哪里有解放军，哪里有解放军哪里就有文工团"，也可以说哪里有海军哪里有海政文工团，哪里有海政文工团哪里就有常贵田，就是没有海政文工团，也有我常贵田。因为解放军总部的、兄弟军兵种的任务，只要组织一派也得执行啊。战友们玩笑地对我说："贵田呐，你是数穆桂英的——阵阵不落。"这是对我的褒奖也是给我的总结。和平年代的战争大部分我都参加了,也是我的骄傲,这是我的荣耀。这个"机遇"可以说前无古人、后无来者,谁让"古人"和"来者"都没赶上这时候呐!在这个时候,地方的文艺工作者不可能参与进来,同时期的战友似乎也没这个"福分","天"赐机缘给了我,"参战"我有"独到之处",这是第三"独"。

1966年,我在前线入了党。按《党章》规定,有一年的预备期,预备期满时由支部召开党员大会讨论通过后转正。如不够转正条件可延长一年预备期,届时仍不具备转正条件者,取消入党资格。还想入党,就得重新申请,不过那就得过一阶段,而且是相当长的一个阶段的事儿了。1967年我没转正,1968年还是没转正……一直过了12年,才转正。12年内不转正,倒是也没取消预备党员资格,还当了一届支委!人生有几个12年? 12年之后才转正的还有别人吗? 事后,偶然机会在人民大会堂碰见一位中组部的同志,我陈情过后他嘿嘿地乐:"老常,这新鲜事儿怎么全让你遇上啦? 我在中组部这么多年还是头一回听说12年才转正的事儿。"说实在的,我也觉得我12年才转正的事儿怪独特的。这是第四"独"。

"五毒俱全"的毒,应该是中毒的毒,我这里用"独"代"毒",无非是借字谐音,这是相声常用的手法。我要真是五毒俱全,就得在"大墙"里边写书了。看了前边介绍的四"独",您一定会说:"常贵田还真有点儿独特的。"也一定想知道我军旅生涯六十年的逸闻趣事、所见所闻以及人生感悟,也想了解我赴前线慰问中的"军事秘密",入党十二年才转正的历史原因,"相声世家"常家的"内幕",更想知道第五"独"独在何处? 您别急,我先问问您:"我姓什么?""废话! 你叫常贵田,姓常啊。"我真的姓常吗? 我原来应该姓什么? 为什么姓常了? 这一系列问题的答案就在书中,敬请观阅下文。

蘑菇"树"

只要一说起常贵田，熟悉我的观众准会说："常贵田，说相声的，他们全家都是说相声的。"有的观众还掰起手指数起来，他们家有谁、有谁……数到最后，来句总结性的发言："他们家——相声世家。""世家"是对我和我们常家的赞誉。盛名之下，其实难副。"世家"那可是咱们中国特色，要不然怎么会有"祖传密方""百年老号"……就连皇帝这个"职业"不也是"子承父业"吗？所以说"世家"决非我家独得。"相声世家"更不敢自诩。马三立先生说相声，他爸爸（马德禄）说相声，他儿子（马志明）说相声，他哥哥（马奎元）说相声，他弟弟（马四立）说相声，他侄儿（马敬伯）说相声，就连他弟媳都说相声，这岂不也是"相声世家"？以相声为事业，子承父业的更是大有人在：侯耀文是侯宝林先生的儿子，众所周知。再有师施元的儿子师胜杰、李洁臣的儿子李伯祥、陈子真的儿子陈涌泉……等等，子辈是今天大家熟悉的演员，父辈亦是当年的佼佼者。可是，在众多家传相声演员当中，只有我家得此美誉？为什么？咱们长话短说——从清朝说起。

我的祖父常连安是相声世家第一代，满族，镶白旗。虽是旗人却没吃过钱粮。什么叫钱粮？清朝时候有规定，凡是满人按氏族分等级编在"旗"内，"旗"以黄、白、红、蓝分为四级，又以正、镶划定两等。计正四旗、镶四旗，合起来就是人们常说的八旗。后来，随着人口的增多，又增划了蒙八旗、汉八旗，加上原来的满八旗，共计二十四旗。凡满八旗子弟不管为官不为官、干活不干活,均给俸禄。这薪俸就叫钱粮,花的钱、吃的粮吗。吃薪俸的就叫吃钱粮。我说清楚了吧?您听明白了吧?至于这词儿怎么来的,据我所考,清朝时管财政的小官名曰"钱粮",这在词典上都查得着,有解释。小官来发薪俸,旗人奔走相告:"钱粮是来了!钱粮来了!"薪俸二字,太文。钱粮是大白话,好说、好记、好流传,叫来叫去,薪俸就叫成"钱粮"了。我所考准确否?姑妄说之,姑妄听之。有工夫您再考证考证吧。我爷爷没吃过钱粮是因为他没赶上。他1899年生人,那时清朝没落了,他一岁多的时候八国联军就进来了,朝廷把钱都赔偿出去了,哪儿还有银子发"钱粮"?生不逢时。人渐渐长大,生活越来越没着落,经人介绍学了戏。跟着师父去了符拉迪沃斯托克,这是今天的名字,过去那是咱中国的地方,叫海参崴。白天学戏晚上演出,抽空除了给师父干点儿家务还得到外边干点儿杂活,挣点儿零用钱。要不然我爷爷怎么会几句俄国话呢,就是打工时学的。这要论起来我爷爷还算得上勤工俭学的老手呢。谁知,天有不测风云,人有旦夕祸福。在海参崴双难齐至,一次是掉江里了,一次是因学戏、演出、打工,天天连轴转,不闲着,疲劳过度,体质减弱,得了一种罕见的病——大头瘟。这是一种传染病。我爷爷说当时他脑袋肿得跟小脸盆那么大,眼睛只剩一道缝儿,身上烫、心里冷,喘不上气儿。当时那真是九死一生。苍天有眼,他遇上了个好心的人,一个爱听戏的医官。治了病,还给他出了钱,托人随着运灵柩的板车,回到了关内。

俗话说大难不死必有后福,我爷爷后来的福分委实不浅,不过当时一点儿也看不出来。回到北京还是没饭辙。只学过戏,干别的不会,没办法,进了"富连成"。富连成是科班,如同现时的京剧专业学校。当时按"喜、连、富、盛、世、元、韵"七个字排下来七科学生。我爷爷是第二科,和马连良等连字辈的先生同科,授课先生据此给我爷爷起名叫"连安"。依据报道我查了查资料,此位授课先生即是生旦净丑行行能说能教、文武昆乱门门能排能演的大名鼎鼎的萧长华老先生。那么,萧先生没赐名之前,我爷爷用的是什么名字和观众见面的呢?小鑫奎。小鑫奎学业如何呢?房漏偏遇连阴雨,学习期间"倒仓"了,"倒仓"是戏曲界的专业术语,意即男孩变声期中嗓子变坏了。嗓子坏了为什么叫"倒仓"不得而知,反正戏曲界特别是我们曲艺界"术语""行话"很多,后边的章节会把需要的陆续做介绍。我爷爷坐科三年,从 14 岁到 17 岁,学唱老生。17 岁"倒仓"了。唱戏的"倒仓"了那真是没戏了,于是改习变戏法,街头卖艺。

1922 年,24 岁的我爷爷,在张家口卖艺的时候有了我父亲,起了个大名常宝堃,起了个乳名叫杜子。这名字起得真好!名如其人,在后来的日子里,他不单开创了"相声世家"的"伟"业、奠定了"相声世家"的基础,还是我们家的顶梁柱,也是相声界的一根擎天柱。

我父亲 4 岁就跟着我爷爷走街串巷变戏法。他聪明伶俐有人缘,小孩儿嘴也甜,"圆粘"的时候——这也是行话,就是把流动的行人围拢在一起看演出——该叫叔叔的不叫大爷,该叫爷爷的给人落一辈叫声大爷,还描上一句"您长得真年轻",说得人家心花怒放。练个"掰膀子"、变个"仙人摘豆",爷儿俩还说上几句逗哏的话,大家伙儿看着这小孩儿又可爱、又可怜、又心疼,纷纷解囊相助。有的人在给钱的同时问我爷爷:"这孩子不是你的吧?"每当这时,我父亲就会举起小手,指着我爷爷说:"没错,这是我亲爸爸。"话一出口,观众又乐又怜,更加给钱。当然,也有不给钱的,而且居多。不过,我父亲会要:"大爷,您给点儿吧,我刚 5 岁,不容易,看您这福相,就知道您是疼儿女的人。"用今天的话说这叫煽情,人心都是肉长的，真情所至也就把钱掏出来了。也有的人成心不给，非要逗逗小孩子，遇到这种情况，我父亲准会说句笑话，抖个"包袱儿"："各位，这位叔叔跟我说了，不是不想给钱，是因为……"边说边走到这位不给钱的叔叔跟前，拎起自己的耳朵，假装再听一遍："噢……对，不是这位叔叔不给钱，是因为我婶儿管得严！"逗得大家哈哈大笑。这词句、这表演，有的是大人教的，有的是小孩子自己琢磨的。由此，我爷爷看出我父亲天资聪颖。4岁、5岁、6岁的我父亲基本上都是在张家口度过的。那里的百姓熟悉了这个孩子，喜欢上了这个孩子，把他看成是张家口的一宝。张家口盛产蘑菇，口蘑。一来二去就把我父亲比作张家口的宝贝——蘑菇。再加上他蘑蘑菇菇要钱，热心的观众给他起了个艺名——小蘑菇。

当时，作为相声界领军人物的张寿臣先生已经30岁，久占京、津两地，可是仍没有收徒传艺。为什么呢？原天津市文联党组书记、相声演员出身的孙福海先生在他所著《逗你没商量》一书中，作过如下叙述："曾有多人对他提议收徒弟，但都被拒绝。原因何在？因为他收徒条件很严。所以，他所收的徒弟，日后成为相声大家的最多，如刘宝瑞、戴少甫、冯立樟、康立本、朱相臣等。尤其是在收第一个徒弟时，他更为慎重。"我的父亲常宝堃就是张先生的第一个徒弟。万事开头难啊！我爷爷与张寿臣虽然认识，却不是很熟悉。怎么办？我爷爷跑到北京，找到张寿臣先生的挚友陈荣启先生（又名陈桂林，范瑞亭的徒弟，后改说评书）。这样，才撮合张寿臣先生见见我父亲。见了面，张先生发现这个孩子极有相声天赋，甚是喜爱，相见恨晚。便愿意首开山门，应允收下当时只有12岁的常宝堃为弟子。好事多磨呀！又有一个难题摆在面前：我父亲可以被张寿臣收为徒弟，从此有了"门户"，可我爷爷自己也没有相声师父啊，他幼年学京剧，扮净角，演老生，后因嗓子坏了，才改行说了相声。说相声如果没有"门户"，就不能名正言顺地参加演出，也就没有收入。常氏父子，暂且不能分开，又必须在一起演出，这可怎么办呢？

面对此事此情，张寿臣先生想出了一个绝妙的办法。即在收常宝堃为徒的拜师会上，将常连安同时代拉为师弟。这也是因为张寿臣先生听过我爷爷的相声，认为他也是个出色的艺人，应该有个师父。他决定替师收徒。于是，在同一天，常宝堃给张寿臣磕头，认了师父；常连安给张寿臣磕头，认了师哥。父子二人同时"入门"，师父、师哥同为一人，实为罕事。在相声界如此筹措实施的，也算是独树一帜，独辟蹊径，独出心裁，独具匠心。

张寿臣先生不仅为我祖父、我父亲立了"门户"，而且还倾心传授技艺，没有丝毫的保守和保留。我父亲得名师教授，进步迅速，演技大增。15岁和赵佩茹先生合作，如日中天。潇洒的台风，幽默的语言，真切的表演，标新的内容……给观众留下既深刻又崭新的印象。可以说当时的天津，没人不知"小蘑菇"。17岁时在"大观园"演出，报纸上的广告称他是"相声泰斗"。他与赵佩茹二人的合作也是相声史上少有的一对火爆搭档。同在这一年，常宝堃与师父张寿臣同台，排名居然并列。当时，除了剧场演出以外，传播媒体就是电台和唱片。相声的早期唱片我父亲录制的最多，其中有《扎针》《七仙过海》《大上寿》《小孩语》《女招待》《父子词》《改良数来宝》《龙凤呈祥》《纺棉花》《训徒》《书迷闹洞房》《学四省》《富贵图》《快乐家庭》《报菜名》《闹公堂》《卖估衣》《摆卦摊》《嘉禾丰粮》。

还有一张反串戏《打面缸》的唱片。我父亲常宝堃扮演大老爷，我爷爷常连安扮演四老爷，我师父赵佩茹扮演王书吏，我二叔常宝霖扮演张才，荷花女扮演周腊梅，红极一时。当时的电台和今天一样是靠商家支持的,节目当中插播很多广告。今天的广告是播音员播出或是提前录制的,那时候跟现在不一样,广告是由演员在节目中直接播报的。商家找那些观众最喜欢、最爱听的演员做广告,只有这样广告的回报率才可能最高。我父亲常宝堃是他们争抢的对象。我父亲除了具备"观众最喜欢、观众最爱听"的条件外,他播报的广告也与众不同。他的高明之处是把广告和相声糅在了一起。比方说《八扇屏》中有这样的台词:"呸!你敢比莽撞人?那本是一位古人……"他在"呸"的后边加上一句"我呸你一脸 DDT",接着就把 DDT 这种杀虫剂的广告报出来了。既完成了播广告的任务,还加强了相声效果。说《酒迷》,在"劝弟休饮瓮头春,多置绫罗穿在身,我弟不信街上看,远看衣裳近看人"的词句后边加上"谦祥益"的广告,顺理成章。像"正兴德"的茶叶、"大同药房"的"生乳灵"更是随处可加,而且加得俏皮,决不牵强附会。我父亲的即兴之作也影响了后人,他们不但效仿,而且把精华保留在相声段子中,我三叔常宝霆先生的《卖布头》《学电台》中,就有类似的描述。传播媒体争相聘用我父亲,我父亲也借着媒体名声大振。当时是长江以北的人多爱听相声,毫不夸张地说,听相声的人最喜欢听的是常宝堃。我们相声演员按着师承关系分出了"代",在第五代相声演员中,我父亲是最走红的,是当时最大的"腕儿"之一。和他并驾齐驱的侯宝林先生(他大我父亲 5 岁),他们互相竞争,互爱互惠,互学互补,为相声事业做出了贡献。

我父亲的相声之所以受到热烈欢迎,有一条重要的原因,按照侯先生的话说就是"你爸爸太聪明了,他知道观众心里想什么,要听什么"。我父亲的搭档、我的师父赵佩茹先生也将我父亲的一句名言传授给我,那就是:"你听观众的,观众才听你的。"这句话指导着我实践多年，多年的实践也使我对这句话的内涵体会得越来越深。相声作品和观众产生共鸣了，才有生命力。因此作为相声演员必须爱群众所爱，恨群众所恨，讥群众所讥，讽群众所讽。只有多接近群众，听听他们说的什么，才能了解他们想的什么，在相声中把他们说的、想的反映出来，才会有共鸣、有反响。我的父亲身体力行。姜昆办的"鲲鹏网"上发表过一篇题为"常宝堃的骨气"的文章，其中这样写道：

　　1944年至1945年之间，日寇为了加强侵略，强迫老百姓"献铜献铁"。汉奸们狗仗人势，把老百姓家里的铜锁、铜盆、铜锅都搜刮一空，拽去给日军做炮弹。常宝堃和群众怒不可遏，他在表演传统相声《耍猴儿》时，现挂了这样的"包袱儿"：

　　甲：咱俩耍猴儿，有个条件，我得把你的头当锣敲。

　　乙：你的锣呢？

　　甲："献"了铜了。

　　这个包袱引起了强烈反响，老百姓拍手称快，可日寇、汉奸恨死他了。第二天，常宝堃就被敌伪警察拘禁扣留了。

　　在这之后不久，常宝堃又因为演出了讽刺敌占区物价飞涨的相声《牙粉袋》，第二次被捕。这个段子原是常宝霖写的，在北京没演儿场汉奸便不让他演了。常宝堃知道了这个段子，他又加以充实修改，在天津庆云戏院又演出了。在这个段子里，他辛辣地讽刺了日寇。

　　甲：你知道什么是"强化治安"吗？

　　乙：不知道。

　　甲："强化治安"就是东西落钱！

乙：不对呀！每次"强化治安"东西都涨啊！

甲：这次落。

乙：怎么落呢。

甲：你看，第三次"强化治安"白面三万五一袋儿，到第四次"强化治安"就涨到四万六啦！

乙：是啊！

甲：可到了第五次"强化治安"……

乙：又涨钱？

甲：没涨。

乙：一袋儿多少钱？

甲：原先是四万六，现在两万四啦！

乙：真落啦！

甲：落是落啦，不过袋儿小点。

乙：噢，不够四十斤。

甲：哪儿呀！跟牙粉袋儿似的！

乙：嗐！

由于这个段子击中了敌伪的要害，他下场后就被抓走了。

两次被捕，常宝堃的骨头还是那么硬气，他还要说！国民党反动派发动内战后，巧立名目征苛捐杂税，被老百姓骂作"刮民党"。常宝堃又创作了《打桥票》，讽刺时弊。当他在大观园舞台上说出："……这年头过法国桥都得打票，不打票警察不让车过去……可我说的警察都不在这儿，凡是这种警察都没工夫听相声，现在都在家'串柜'（数钱）呢！"观众都笑了，然而就因为这段相声，他遭受了国民党特务的毒打。

两次被捕，一次毒打，屡遭迫害，但常宝堃仍坚持为人民说话、演出。天津解放前夕,反动派强令他与几位知名艺人搞反共宣传,他毅然拒绝。他在敌人的压力下愤然表示:"把我枪崩了也演不了!"表现了一个艺人的刚正骨气。

上文中讲到的这些节目反映了人民的心声,贴近生活,贴近群众,用今天时尚的语言讲就是"接地气",必然受到人民群众的欢迎。

勇于探索不断创新,是他受到观众欢迎的另外一个原因。他会的多,相声传统功底很深,同时他大胆吸收姊妹艺术特别是新兴的电影艺术的精华丰富到相声表演中去,独树一帜。他不拘泥捧逗固有的模式,逗中有捧,捧中有逗,独具一格。他注意时代的气息、了解时代的语言、跟上时代的要求,独辟蹊径。其实,这也是他那句名言包含的内容。群众的文化素质、艺术品位、审美视角随着时代的脚步改变着,不了解这些,没有超前意识,落伍了,就会被时代所淘汰。我的父亲常宝堃的名言和艺术实践对我乃至相声界,至今都有着指导意义。借用现在常用的一句话:"量化"最能说明问题。我父亲对相声事业的贡献是他把相声净化了, 净化到了雅俗共赏的程度;他把相声推进了,推进到了和其他艺术门类平起平坐的高度;他把相声"普及"了,普及到了众多的人爱听相声、要听相声、相声不可须臾离也的程度。我父亲和他的同人给相声开辟了新天地,从20世纪40年代始,常宝堃、侯宝林就成了相声的代名词,直到今天相声界还是在他们开辟的天地里驰骋。

我父亲的艺术成就,既是常派相声的开端,也是常派相声的顶峰。同时也给我们家特别是给我爷爷带来了经济效益。说相声是谋生的手段,说相声是发家的途径。随着"小蘑菇"的诞生,我爷爷不管他的儿子们的个人意愿如何，接着推出"二蘑菇"常宝霖、"三蘑菇"常宝霆、"四蘑菇"常宝华。我的父辈真是各领风骚几十年，个个在相声领域占一席之地。实践证明，我爷爷的"意愿"是正确的，他培养、造就了我父辈四员将才。同时使常家有了一定的经济基础。在一张唱片中，我爷爷用台词坦诚地说出了他的心里话："我家有棵蘑菇树，个个蘑菇能挣钱。"用这些钱，我爷爷置办了两处房产，其中一处就是我家老宅子——北京西单达智营 26 号，电话西局 4582。这所宅院记录了我家的悲欢离合。随着拆迁老宅已不复存在，留下的是愉悦的和痛苦的回忆。

上了点儿年纪的人都知道，北京有个药铺叫"小安堂"，本不出名，因为是常连安开的才渐渐有了名声。我爷爷他还经营管理着一家类似今日专应喜庆堂会的文化公司——长春社。"小安堂"的作用如同今日附属于文化公司的实体。对外是门面、是招牌，对内是管理机构。我爷爷还和一位投资者合作建立了启明茶社这一单独表演相声的场所，其目的是开辟相声市场还是"垄断"相声行业，今天不能臆断。我想我爷爷最根本的宗旨是开办一所培植"蘑菇"的基地。这一主观意愿他达到了，客观上所起的作用，特别是今天对启明茶社的高度评价，恐是他始料未及。众家评论启明茶社是历史上唯一一所"相声大学校"，而且是"高等学府"，并设"研究生"班。确实，那个时代，优秀的相声演员大多进过这所"大学校"，有的任教，有的求学。诸多相声名家登场启明，计有张寿臣、马桂元、刘桂田、常连安、郭荣起、赵霭如、于俊波、刘德智先生等。《小神仙》《贼鬼夺刀》《斩经堂》《山东斗法》《打牌论》《拉洋片》都是这些名家的代表之作，名角名段，观众爱听爱看。这其中，除马桂元马老、刘德智刘老我无甚印象，其余均多次观摩，印象颇深。再加上通过我四常叔宝华的数次说活、教习、示范,更使我实践了刘老的间接提示,我在 CCTV 相声大奖赛的示范演出中,说了一段用传统节目改编的新活《戏说国学》。"底"即结尾部分,"在明明德"一句,我就是按我四叔常宝华教的、依照刘老的使法演出的,效果显著。这就是老先生给我们留下的宝贵财富,一辈传一辈,老相声场子里藏龙卧虎啊。启明茶社给一代又一代相声新人——

> 搭了平台建了桥,
>
> 离岸出港稳下锚,
>
> 左车前进右车驶,
>
> 大海航行减其劳。

师胜杰偕夫人看了我的演出后赞不绝口,我急忙解释:"启明大功也!"

胜杰也深有体会,相当一个时期,为他捧哏的就是从北京启明茶社支援哈尔滨的于世德先生。1981 年全国曲艺优秀节目(北方片)会演在天津举行。师、于二人的《郝市长》受到观众热烈欢迎。返场小段,胜杰使的是《醉酒》。其中捧哏的有这样一句词:"就你这个喝劲,早晚得死在这上边。"现场,我、侯耀文、石富宽三个人坐在第一排,正看着他呐。众多内行也都了解内情:丁先生早、午、晚三顿再加上夜餐,顿顿都得喝酒,有时候还加上下午……

面对此情此景,于先生似笑非笑、真真假假,批别人的同时又在讽刺自己,就这一小节的表演,分寸拿捏得很准。观众立即给以回报,掌声四起!相声就得时进时出,在和观众交流过程中,明辨是非曲直。

比老先生年轻一些的演员更是启明茶社的中坚力量，大部分成为中华人民共和国成立以来各文艺团体的骨干。诸如刘宝瑞、王长友、王世臣、白全福、罗荣寿、常宝霖、于世德等。更可喜的是启明茶社培育了一批年富力强的有为青年，他们继往开来，为相声这一特定历史时期的产物更加发展，做出了贡献，为相声的改造、创新奠定了坚实的基础。

同时，为了多挣几个钱，也挖空心思、绞尽脑汁和当权者抗衡。说相声特别是表演"腿子活"就需要一张桌子，启明茶社的场面桌使用率更高一些。因为什么？容我慢慢道来。

茶社后部有一排专设座位，名曰"弹压席"，说是为了维持秩序、保卫安全，由警察局专门派人"保护"，其实他们是最大的捣乱者。还有一个捣乱者是税务局，再有就是假冒的流亡学生。有时三家打起来，借机抢钱、罚款。我二叔常宝霖开动脑筋想办法，把场面桌挖了个窟窿，安了个机关，把收上来的大面额的钱币，从洞口放进去，不按机关打不开。

启明茶社的门口立着三块牌子：文明相声、相声大会、零打钱。这三项在当时都是创举。演员多了，观众多了，必定会促进相声新作品的产出。我三叔常宝霆、四叔常宝华合说的相声《影迷离婚记》就是启明茶社时期的产物，红极一时。他们二人也成为受观众欢迎、能写能演的突出人才。赵振铎、赵世忠那时是小苗刚露尖尖角，在后来的日子里，终成大器。苏文茂是个贫苦人家的孩子，是"启明"这所"相声大学"把他哺育，使他成为栋梁之才。

今天的大腕马季先生认识相声也是从启明茶社开始的。这在他的书中有记载。我在这里不再赘述。

李文华也想成为启明的常客，但受经费的制约，囊中羞涩，罗锅上山,说白了就是没钱!李先生就没马季先生"聪明",马季也没钱,可是马季去启明听相声不花钱,这是为什么?后面的章节,详细介绍。

启明茶社在相声事业发展当中功勋卓越,功不可没!同时也刺激了商业发展。启明茶社坐落在西单商场之内,如今的场库附近。从历史上说,北京的前门、王府井、西单都是商业区。西单商场几经变迁,前前后后共建了五个商场:厚德、福寿、益德、惠德、福德,加上一个临时商场,一直到新中国成立后、公私合营前,基本上都是这个规模。启明茶社建在重建的厚德商场内。1937年,一场大火把"厚德"商场化成一片灰烬。历经一年重建,修葺一新。场地规模虽无扩大,但摊位排列非常整齐。一进场门第一家,是家卖镜子的,借助一些镜子把门面装潢得富丽堂皇、光彩夺目,让人感到豁亮、舒适。各个摊商也是八仙过海,各显其能。时髦的、抢眼的新货,放在引人注目地方,吸引了不少顾客,那时商场内人来人往,熙熙攘攘,川流不息。于是我爷爷选中了这个人员流动量大的繁华地方设个演出场所,显而易见就为上座率高。启明茶社初建时是演什样杂耍,有说有唱,有变有练,后来改为专演相声。改杂耍为相声,一是为顺应当时观众需求,二是为实现我爷爷的宏图大志——让常派相声在这个"基地"生根发芽,开花结果。

北京是相声的发源之地,天津是相声的发祥之所。全国各地的同人时来时往,我家就成了"老少爷们"的交流、落脚之处。相声演员见面、聚会,有独树一帜的职业特点,就是"砸挂"。何为"砸挂"?要想弄明白"砸挂",得先明白"现挂"。"现挂"是相声术语,意即抓哏。指演员根据演出的实际状况,在适宜的环境中、情景里,联系当时、当地发生的事件而进行的即兴发挥,现编现演,往往产生意想不到的效果,更是对演员的扎实功底、机智灵活、应变能力的考验。相声演员将此举叫"现挂",如今已成术语。在日常生活中相声演员相互之间戏谑、取笑,有语言的,有动作的,有说笑话的,有使个"包袱儿"的……逗得大家一乐,且一事一议,名曰"砸挂"!孙福海先生在他的大作中有如下论点:"台上的现挂,是台下砸挂厚积薄发的积累;台下的砸挂,又是台上现挂的基础。"此论把二者的辩证关系讲得头头是道,分析得清清楚楚。二者目的同一,都是为了制造"包袱儿"。我给大家介绍的大致不会错,这也是文化自信嘛。只不过"砸挂"之"砸"字的来龙去脉尚需深究、考证。"挂"字既有临时性、依附性,又有动作性。先辈为准确无误地把"挂"的实质传下来,下了多大的工夫啊!当效仿之。

那一年,我家陕西路的房子刚装修完,王世臣即来拜会,穿着水獭领子的皮大衣,扛着墩布,一进屋就喊:"我打扫哪屋?"按现在说法,他这是小时工帮忙"开荒来了",可他那穿着打扮、言谈话语、举止动作……满不挨着,纯属"砸挂"。

郭荣起来温居贺喜,送给我父亲一幅齐白石画的鸡。我父亲说:"您干吗花这么多钱?""腥(假的)的。""假画啊?!""那纸是真的!"又是"砸挂"。

我四叔常宝华爱"砸挂",而且净是好"包袱儿"。我和常宝华、侯耀文、石富宽一起去河北省农村演出,几天下来,一是没工夫,二是缺水,因此几天没换袜子了。再加上侯、石多少有些……"有些干嘛,就是懒!"我四叔把话劫过去了。"二位这袜子,放里俩鸭蛋,明天就能变成俩松花!"后台炸锅了!耀文、富宽多聪明,没几天,就把这个"挂"塞进他们的新活《公开的情书》里了。

竖读横阅,管中窥豹,可见一斑。这就是"启明"的一角,正是:

启明星，人人怀珠抱玉，大熔炉，个个百炼成钢！

常家有了几个观众喜爱的"蘑菇"，有了这些内行、外行承认的业绩，有了几代的传人，有了常派与众不同的独到作品，有了非同一般的相声表演特色，才有了"相声世家"的美誉。但这只是成为"相声世家"的一半条件，那另外一半呢？您别着急，我跟您慢慢说。

随着时代的变迁，"蘑菇"这个艺名废弃了。有人出于好奇，问我："你爷爷叫老蘑菇吧？"在此，我郑重声明：无此绰号。也没有五蘑菇，历史上我有个五叔，他三岁的时候，一脚踩在面汤锅里，烫伤了，毒火攻心，死去了。出于忌讳，位在五叔位置的叔叔改为大排行，叔叔姑姑混排了，因此，常宝华后边的常宝庆，不管家里人或是外人，对其通称八爷。"蘑菇"始自常宝堃，止于常宝华。新中国成立后，他们也不用这个艺名了。"蘑菇"，用今天的话说只是个包装。包装变了无所谓，只要字号不变！内容不变！

2002 年 11 月 29 日，在北京民族文化宫举办的"纪念侯宝林诞辰 85 周年"演出活动中，主持人倪萍、冯巩为了推介我，在报幕词中跟我开了个玩笑：

> 冯：……常贵田的上辈都叫"蘑菇"，到常贵田这辈儿就不能叫蘑菇了。
>
> 倪：那叫"小小蘑菇"……要不叫"蘑菇块儿"？"蘑菇渣儿"？
>
> 冯：我给起了个有时代感的名字，叫"金针菇"！

说实在的，冯巩给我起的名字真是抬举我了，现在的金针菇比过去的蘑菇更好吃了。我借题发挥，上场之后就"蘑菇"话题，"现挂"使了个"包袱儿"，说了一段逸闻趣事。

"活爷爷"的贺词

　　1942 年农历二月十一日，在天津竹远里的一栋房子里我呱呱坠地。我爷爷那年 44 岁。常家有后了，长子生了个长孙，我爷爷喜出望外，给我起名叫贵田。我们家原计划按"宝、贵、春、生"四个字排下来，到了第三代便各起炉灶、张扬个性了。社会上叫"贵田"的不少，挺俗的。20 世纪 70 年代，我曾想改名叫"常城"，因故搁置。90年代初，在一次春节联谊会上，偶遇一位香港女姓名学家，给席中的姜昆、侯耀文、孟凡贵和我分别批名讲姓。我虽然不信倒也觉得好玩儿。轮到给我批时，我报上姓名"常贵田"，她眼睛一亮："哎呀！"就她这一"哎呀"，吓我一跳！"哎呀！你这名字太好了，就因你有了这名字，不知怎么着你就出了名⋯⋯"您听听，经她这么一说，我个人的努力、客观的机遇全白费了，合算我是稀里糊涂出的小名、得的小利！？冷静下来，揣摩揣摩她的话，倒也不无道理，"贵田"的今天，有相当一部分沾了常家的光，当然也给常家续了点儿亮。姓名学家不了解常家的底细，说不出来所以然，可不是"不知怎么着"吗。接下来她又给我说了两条，纯属八卦。就不在这里多说了。

　　这里写的只不过是关于我名字的花絮。总之我的名字没有改。生我那年，我父亲 20 岁。别看 20 岁，早就大红大紫了。青年得志，又添贵子(我父亲的搭档，我的师父赵佩茹先生一直叫我"贵子"[读 za]，真是欣喜若狂。生我那天他们正在电台播出节目，我父亲当时就把得子的喜讯告诉了听众，他恨不得把自己的喜事与他热

19

爱的并热爱他的听众分享。为了庆贺,办了个"弥月"。来了一些人,都有谁?当时我一个没记住。呵呵,刚满月的孩儿要能记住往事,可真算得上神人了。事后我只记住了一个人,而且一辈子都没有忘掉,这个人我熟悉,读者您一定比我更熟悉,他就是马三立。

马三立先生的父亲马德禄,辈属"八德"。我父亲称呼马三立三叔,我当叫他爷爷。儿时,我到剧场后台玩耍,我父亲指着马先生命令我叫他"活爷爷"。从那儿以后我没改过嘴。一直就这样叫。为什么叫"活爷爷"?当时弄不明白,成年之后我也百思不得其解,是因为马先生会的"活"(相声段子)多?"活"好?演法灵"活"?给观众留下的人物形象"活灵活现"?还是他们爷儿俩借用相声里的词句开玩笑?因为相声《训徒》里有这样的词句:

甲:来啦?
徒:来了。
甲:呵!还是个活的?!
乙:废话,死了就臭了。

马先生倒是经常和我父亲常宝堃、我师父赵佩茹开玩笑。当我想了解其内涵的时候,我父亲早已牺牲了。那是 1996 年 11 月,在北京新万寿宾馆召开曲艺家代表大会时,马老到场。相声界的代表纷纷起立问安,我也毕恭毕敬地叫了声"活爷爷"。他突然拉着我的手,跟大家说:"听见没有?就是他这叫法儿个别,只有他……也只有他能这么叫我。"本来我就不明白"活爷爷"的内涵,经他这么一说,更是丈二和尚——摸不着头脑。但我也感到机会来了,现在不问,更待何时?当时,我低声问了一句:"我父亲为什么让我叫您'活爷爷'？""啊……"他欲言又止，莞尔一笑。我明白了这个场合不便回答。几年间，总没有机会向他求教。没想到，他也作古了，"活爷爷"成了永久的秘密。马先生仙逝，我在《北京青年报》发表了短文一篇，悼念"活爷爷"。"活爷爷"是唯一的，称呼"活爷爷"的也是唯一的，"活爷爷"在我心里是个永存的谜。

马三立、常宝堃、赵佩茹关系非同寻常，常宝堃的儿子满月，马三立当然来祝贺。我父亲赶新潮，还准备了一本"签到簿"。要不然我怎么会知道马三爷到场，更不会在演出中给观众说"蘑菇"轶事。签到簿不大，十五六厘米长，十厘米宽，竖着打开。红色的硬封皮，里边是粉、绿、黄色的纸。除了"活爷爷"外，还有三位老先生到场祝贺，是谁？没一点儿印象了，唯一记住的"嘉宾"是马三立——我的"活爷爷"，他在签到簿上画了画，写了字。他画的画儿、题的字给我的印象太深了。马三立会画画？会。就签到簿上的画儿，我曾问过他。他说："40年代初，我刚学画正上瘾，逮谁给谁画，像唱单弦的王剑云，说相声的刘奎珍，搭档侯一尘，都得到过我的'墨宝'。"那么马三爷留给我的"墨宝"是什么呢？五支蘑菇。他画的蘑菇与众不同，别人画的蘑菇，都是那个"伞"在上边，蘑菇柄顶着伞长在土地上。他给我画的蘑菇只有一支如此，其他都是"蘑菇翻个儿"，柄也画得短了些，而且呈三角形。与其说画的是蘑菇，不如说画的是荸荠更像些。题的字是"蘑菇喜添蘑菇丁"。我在演出中说的就是"荸荠蘑菇"的趣事。这本值得保存的簿子，从我记事起我就珍藏着。1966年我去"抗美援越"，把书柜放在家中，交付我妈妈保管。1967年，我妈妈害怕红卫兵抄家，一把火把这个簿子和其他值得珍藏的"文物"都烧掉了。其中最可惜的是我父亲珍藏的相片。从相声名家"万人迷"反穿皮袄的"标准像"开始，相簿中囊括了近百张曲艺界的名人照。不敢说全在其中,反正有名有姓的均在其内。我在中央电视台播出的《中国相声——相声百年》中,介绍李德钖先生反穿皮袄,就是那些相片中的一张给我留下的印象。

我父亲的相册一共三大本,其中他个人的照片更是历史的写照,不但生活照丰富多彩,演出剧照就更多了。比如他和骆玉笙(小彩舞)合作的《钓金龟》,和司马静敏(雪艳花)合作的《荷珠配》以及《法门寺》中分别扮演三个角色"刘瑾、孙玉娇、贾桂"的留照。给我印象最深的是那张"彩婆子",那是《铁弓缘》中"开茶馆"一折的剧照。从那微微下撇的嘴角,有几分娇媚又有几分彪悍的眼神,手拿洗衣棒槌的"亮相",把一个历经沧桑、老谋深算、深藏若虚的"茶婆子",展现在你的面前。20世纪50年代,京剧名丑马富禄先生到天津陕西路我的家中看望我的姥姥林红玉,他看到这张照片,赞不绝口。既称赞我父亲向艺术前辈(包括马先生)学习时虚怀若谷,也盛赞我父亲独树一帜,不同凡响,创造了一个与众不同的"茶婆子"。"文革"后中国曲协恢复建制,沈彭年先生专程打电话给我,打算借这几本相册,翻拍留作资料。当我告知已化为灰烬时,他"哎呀,哎呀"两声,半天没说出话来。在那个年代烧掉的何止一个簿子、几本相册?簿子烧得掉,相册烧得掉,我父亲的形象、"蘑菇喜添蘑菇丁"永远烧不掉!家族的企盼、父辈的期望,永远在我心中。

初次登台

有一篇介绍我的文章,这样描述我的家庭:"龙生龙,凤生凤,老鼠生来会打洞。常家的人生下来就会说相声,就连常家墙里的老鼠都会说上两段。"这未免夸张过火了。如果老鼠真会说相声,这耗子一定比常家任何人都出名,甚至"誉满全球"。该文作者系我的好友,曲艺理论家常祥霖。他原在中国曲协任职,后调到中国文联。巧了,正因为他也姓常,真是越走越近,越接触越深,所以在此特别介绍,若他姓"短",那根本不提了。祥霖先生在此"砸"了一"挂",使了个"包袱儿",无非是想渲染一下"耳濡目染"的作用。俗话说:"近朱者赤,近墨者黑。"挨着什么是什么。听排练相声、听研究相声、听教授相声……天天听、时时听,听来听去,听也听个八九不离十了。天长日久,不用说姓常的,就连外姓人——娶进来的媳妇,都有两下子了。我的儿子常悦,四岁时和四爷爷常宝华在春节晚会上说的《比童年》,就是常悦的妈妈、我的媳妇给常悦背词、排练的。生长在这样家庭的孩子最大的特点是不怯场,一般家庭两三岁的孩子,不用说上台表演,见个生人还不干呢,甚至连哭带嚎。我们这样家庭的孩子,大部分从小就有表现欲,这可能是受经常去剧场看家里人演出的影响。这就是"熏陶"。学习相声,上块新活,步骤也是熏、过、溜。到今天曲校林立,教习仍离不开三阶段论。还有一点,就是基因。不得不承认这一点。最近,我家发生一件事,乐得我肚子疼。我家客厅挂着几幅书画作品,其中一幅是马季先生写给我的,"人生

23

道路九羊肠"。2017年7月的一天，我的孙子上我那儿去了，三岁半，背着小手，站在那幅字前，摇头晃脑，又数又念。我看了半天，问他："你认识吗？"他继续摇晃着脑袋："猪肉白菜炖粉条！"啊！是这词儿吗？天生的会使"包袱儿"！

我三四岁的时候，当时因为我父亲经常出外演出，就时常把我从天津送到北京，寄养在三婶或四婶家中。所以有机会常到启明茶社去。好在离家很近。西单商场坐东朝西，往西过马路，或进皮库胡同或进舍饭寺，都可到达我家坐落的胡同——达智营。若从西单商场往南，就到了长安街，再由长安街往西一拐，那个时候是两条街，北为旧刑部街，南为报子街，1965年7月北京修第一条地铁，把中间的房子拆迁修成现在这样一条宽马路。我爷爷开设的药店小安堂就在报子街上。小安堂隔壁第三家是一家奶制品店，名叫二合义。我奶奶带着我，隔三岔五光顾二合义，去吃该店自产自销的酪和酪干。儿时的印象是难忘的，制酪的过程记忆犹新。日前，我在我所主持的北京电视台《北京时间》栏目中介绍北京的小吃，其中说到酪和制酪的过程，从木桶到隔板儿、瓷碗、热奶、凉冰……我讲得头头是道。那些专家对我如此了解酪的情况，感到诧异，他们哪里知道，这是"童子功"。待我把儿时情况介绍过后，大家释然，哈哈大笑，指着我说："哈哈！你是吃出来的！"二合义旁边还有一家有光堂，以现烤现卖"小人蛋糕"出名。遗憾的是主持《北京时间》的六年中，没涉及"小人蛋糕"，不然，我又可以"大"显身手了。小安堂、启明茶社、达智营形成一个三角，儿时的我就在这个"金三角"里活动着。

启明茶社是我常来常往的所在，熟悉了那里的环境，熟悉了那里的人，一点儿都不认生。再加上叔叔、大爷们的教授和鼓励，上台来一段的时机成熟了。那年我三岁半，谭伯儒爷爷把我抱上台，放

在桌子上,爷儿俩说起来:

> 谭:来啦?
>
> 我:来了。
>
> 谭:干什么来啦?
>
> 我:说相声来了。
>
> 谭:会说吗?
>
> 我:会!
>
> 谭:会几套?
>
> 我:会三套。
>
> 谭:第一套……
>
> 我:会吃!
>
> 谭:第二套?
>
> 我:会拉。
>
> 谭:第三套?
>
> 我:会尿炕!
>
> 谭:就这个呀?

大家一乐,谭爷爷还得按着我的脑袋给观众鞠躬,因为事先教的除了词儿,其他的全忘了。到此还不算完,还得来一段。

> 谭:有正经的没有?
>
> 我:有。我给叔叔大爷、爷爷奶奶们……

说到这儿,观众大乐,因为在座的没有一个是女的。小孩嘛,怎

么教就怎么说,背死词儿。谭爷爷"现挂"抓了个哏:

> 谭:给奶奶们……哪个是奶奶啊? 说个什么?
>
> 我:不说,唱一段。
>
> 谭:还会唱? 好,唱一段,来。
>
> 我:(数板)
>
> > 一根棍儿,我杵着,
> >
> > 两撇儿胡子我捋着,
> >
> > "三炮台",我抽着,
> >
> > 四轮马车我坐着,
> >
> > "武(五)家坡",我听着,
> >
> > "六国饭店"我吃着,
> >
> > 七层洋楼我住着,
> >
> > 八圈麻将我打着,
> >
> > 九万块钱我带着,
> >
> > 实(十)在不行我走着。
>
> 谭:你走吧你!

我说完了,大家还真乐。观众欢迎不是因为我说得好,而是觉得好玩儿。我第一次登台,也觉着好玩儿。这只能叫"登台"不能叫演出,因为没有正经地学,没有说真正的相声,没有观众的反应,也没有拿到报酬。那么,我初次演出是什么时候呢? 那是1948年。

1948年,我才6岁。那时候的事儿,现在基本记得清楚。这人呐,怪了! 越上岁数,过去的事越忘不了,可现在的事儿想记都记不住! 小时候背的段子——我们叫上的"活",默两遍,上台敢使。两三年前的作品,还是自己写的,愣背不下来了!唉……睡觉也这样啊,躺在床上,来回翻滚就是睡不着,可一看电视,刚刚坐在沙发上,就开始打盹儿!

我这个年龄段的人,都赶上了"天天读"学《毛选》的时代。《毛选》中有一篇关于平津战役的文章,学了之后,了解了我初次演出的时代背景。解放军打天津的最初阶段,是"围而不打",以防天津守敌从海上逃窜。这一围就是几个月。那时候人心惶惶,我家也如是。忙乱地抢购本来就供不上的粮食,菜就更甭提。胡同口"鸿记"杂货铺的掌柜的算是照顾街坊,偶尔送进来两棵白菜。我妈存了些"雪里蕻""水疙瘩"真是救了急。自来水时来时断,幸好家门口有"挑水"的,胡同口外就是一家水铺。这大概是我家住的离海河近的缘故。除了怕没吃没喝,最怕的还是炸弹。家里的玻璃都贴上了纸条,防备震碎了玻璃扎着人。家里的床不睡了,用砖把床腿儿架起来,人睡在床底下,似乎床板就能把炸弹皮挡住,最起码房震塌了不会直接砸着人,立柱支千斤吗?只要那时候居住在天津的父老兄弟,基本上都有过一段睡床下边的经历。家家如此,人人皆是。社会上人人在顾命,谁还有闲心看演出?剧场里的演出不可能进行了。我父亲天天在家"闲待"。手里又没有多少现金,"金圆券"越来越毛,存钱就等于跳楼。当时讲究存粮食、存布、存黄金。我家也存了点儿,但除了粮食,那两样存了也没用,不顶吃不顶喝!得想辙弄点儿钱。

机会来了,北京的药店小安堂,为了扩大宣传,曾印发过不少歌篇,都是当时的流行歌曲,有《渔光曲》《黄叶舞秋风》《秋水伊人》《香格里拉》,也有《何日君再来》《夫妻相骂》等等,当时没用完,带到了天津一部分。没想到,此时派上了用场。我父亲拿出去卖了。不

27

知道是流行歌曲有号召力，还是熟悉的演员——我父亲有号召力，"生意"还真红火，一会儿的工夫就卖完了。顶可乐的是有人敲我们家门："常老板，还有歌本吗？"买到家里来啦！这一卖我父亲就卖上了瘾。从来没干过的事，乍一干，觉得新鲜。还能卖点儿什么呢？正想主意呐，我二姑夫送来一麻包红小枣儿。我二姑夫的二哥在货栈工作，以批发价儿买的，我二姑夫送来供家里度日。我父亲一看乐了："这么多，吃不了，留半包卖半包。"倒了半包枣儿，用自行车驮到"法国菜市"。

　　我家当时住在竹远里，对面是天津最大的菜市场，因为位于旧时的法租界，所以叫法国菜市。并不是法兰西帝国开的菜市。凭着当时老百姓的购买力，从法国运菜到天津卖，那得赔到姥姥家去了。菜市门前是一片空地，战时比平时的人少多了，但由于位于中心区，仍有人来往。这零售卖东西得有经验，我为了写书，专门向卖花生米的请教。卖东西第一步是算账，算算卖多少钱一斤，价钱低了没得赚甚至赔了，价钱高了买主嫌贵卖不出去。更得会使秤，功夫全在手上的劲儿，右手拇指和食指提拉着秤，小拇指稍微给点劲儿往下一压，秤杆儿就起来了。左手往秤盘里放东西，最后一把往秤盘里一砸，秤杆儿马上就抬头。两只手分着练也罢，合着练左右开弓也罢，这些动作都得快，没等顾客看清楚，称完了。表面看着秤杆儿高高的，最起码少半两！我父亲卖枣儿，没秤，也不知谙多少钱趸来的，估计着卖。卖得倒是挺快，为什么？全让一个人买走啦！我父亲回到家跟我二姑夫一说，我二姑夫一算账，这个乐呀，一分钱没赚到，等于我父亲把枣儿批发给人家了。隔行如隔山呐。现在演艺圈里不少人"以商养文"，谁能想到六十年前，常宝堃也下过海。

　　城还在围着，偶尔的爆炸声给人们带来刹那的紧张。过后，是暂时的寂静。兵荒马乱的日子里,紧张、寂静都已经不是重要的,重要的是活着,好好地活着。活着就得有东西吃,买东西就得有钱,尽管东西少得可怜,钱可是需要的更多。我们一大家子人,我爸、我妈、我和我弟弟,大姑、大姑夫,这是天津的长住户。二姑、三姑、三叔来津看我们,回不去北京了,只能留下来。还有一位远房亲戚,快八十的"七老祖",是我父亲留住的。我父亲孝敬老人那是出了名的。何止老人,平辈、小辈有了难,他也是乐于相助。他最讲"门户义气",他常说:"大家混碗饭吃不容易,同行是一家,要互学互帮。"他不但这么说了,也这么做了。同行中不论谁生活有了困难,他都组织或参与"搭桌",进行义演。兄弟剧团有个踢毽子的杂技演员宋少臣病故,家里没钱发丧,停在家里,全家人急得死去活来。故者的小妹妹宋惠玲身穿重孝,到小梨园后台找到我父亲常宝堃,我父亲二话没说,立即拉着宋惠玲上了台,先向观众介绍了宋少臣的为人,又讲了宋的技艺和家中的窘境,然后把自己衣袋里所有的钱掏出来扔在台上,恳请大家帮助。在场的观众深受感动,热泪盈眶,纷纷解囊相助,往台上扔钱。京剧名角金少山,老年生活潦倒,死后无钱发送,我父亲搞了一次义演,为他捐的钱。天津发大水,我父亲带团到北京演出,募捐集资。前几年《北京日报》就此义举还做了回忆报道。圈里圈外,我父亲的人缘儿没说的。不然,天津的汉奸恶霸袁文会扬言要把我父亲的腿打折的时候,怎么会跪下一台的人为他求情。

人缘再好的人,也有自己为难的时候,一家子十来口人都在张着嘴呀。

一天,我父亲、我三叔常宝霆、康立本(相声艺人,我父亲的师兄弟)在海河边闲遛。看着三三两两的人群,我父亲若有所思,突然停住了脚,说了一句:"立本,点!"

"点"是一句行话,是"点买卖"的简称。"撂地"演出(区别剧场演出的泛指)第一道工序是"圆粘儿",用各种办法招揽观众,办法的开始使用谓之"点"。哎呀!解释行话真费劲。其实在生活中,我们很少说行话。有些行话我也不懂,写书就更应当避开广大读者不了解的语言。但是,在特殊的场合,特别是在历史的进程中起着特殊作用的行话,延用于此,才能保持真实性。权当一点知识介绍给读者吧。有些有固定意思的词语好解释,比如一到十,即是"溜月汪摘中申兴张艾居"。又比如"孙、果、苍码、铃铛"就分别是男、女、老人、小孩之意。没有固定意思的,用在不同的地方有不同解释的行话,就很难用文字一下子表达清楚了。比如"月",如果用在"多少钱?几百?"回答是"月"。这里的月就是数字二,就是二百。有时候我们演出,后边的演员没有听前边的节目,把前边已经演出过的段子,再次拿出来表演,舞台监督赶紧冲台上的演员喊一句"越"啦,提醒他换个段子。此时"越"就是重复的意思了。月、越二字写起来有差别,读起来可是一个音儿啊!

记得1977年打倒"四人帮"以后,北京的相声演员马季唐杰忠、高英培范振钰、侯耀文石富宽、姜昆李文华以及四叔常宝华和我经常一起组台演出。场次多,换场地,赶来赶去。一般是谁先进来谁先演,进来晚的在后边,好在都盯得住。几档之间很难有时间互相观摩了解。有一天是姜昆和李文华在最后,大段各人有各人的"活",不会"撞车",返场小段撞上了。姜昆和李文华刚拉出《灯谜》,后台就喊上了:"越啦。"姜昆和李文华赶紧换说《追柳》,后边又喊上啦:"越啦!"再换上《三五句话》,后边又喊上啦:"越啦。"话音未落,李文华老师冲后台喊上啦:"怎么全越啦?!"这一句,前边的观众闹不明白怎么回事儿,后台的相声演员乐得都直不起腰来了。这

30

一次"越"了,纯属巧合。还有一次是诚心制造"越"了。高英培、范振钰从天津调到北京全总文工团后,将近一年的时间里,没有在北京的舞台上表演他们的拿手段子《钓鱼》。他们当时经常说的小段是《扎针》《喊叫谈恋爱》《洞房打赌》。姜昆、侯耀文和我,特别想听听他们俩的《钓鱼》。有一天在首都体育馆演出,高英培、范振钰的"底"(亦是行话术语,即最后一个节目)。我们仨人没商量、没串联,可心有灵犀一点通。姜昆、李文华在台上说了《扎针》,侯耀文、石富宽演的《洞房打赌》,我和我叔叔常宝华使的《喊叫谈恋爱》。"使"也是句行话术语,说的段子叫"使的活"。相声术语往往又和行话分不开,况且不是科学用语,所以我用了"行话术语"这个自创的词。仁者见仁,智者见智,甭管准确与否,读者明白了就行。我们仨在前边把高英培、范振钰准备说的全说了,这也有行话术语,叫"刨"了。看你高英培、范振钰怎么办?他们说一个,我们喊一声"越"了,说一个喊一声……最后我们喊了声"混水子"(即鱼)。他俩明白了,高英培、范振钰只好就范,给我们、给观众使了他们的好活——《钓鱼》。

我父亲一句"点",康立本先生心领神会。左手摘下帽子扣在右手上,嘴里叨叨咕咕,听不清说的是什么。中国人天生好看热闹,好围观,一会儿的工夫,就围上了一圈人。等我父亲走进圈内,群众认出来了,"常老板!""蘑君!""常先生来一段!"我父亲就等这句呢。三个人说起了相声。说的是轻车熟路,听的是前仰后合。经过这一场试验演出,我父亲心里有底了:战争时期群众也需要欢乐,观众站得住,观众拢得住。撂地是他们挣钱最理想、最熟悉的方法,何乐而不为。但是我父亲不想也不能撂地,因为他是角儿,因为他是腕儿,因为他早已上了舞台,就不能走回头路了。此时此刻他打起了我的主意。

31

解放军打天津、围城的时候，我6岁。在这之前，我没有正经学过相声，可也没正经上学，天津、北京来回跑，不是告假就是旷课。我上学倒是挺早，5岁就上学了，可到6岁了，还是一年级。不是因为成绩不及格蹲班，是因为没考试，没成绩，所以上了两回一年级。一响炮，更停学了。有一天晚上，不知道几点钟，反正我睡得正香，我父亲从床下把我叫醒，一句一句教起来。是基因？是天赋？别看读书时课本记不住，这相声可是教一遍就会。天亮的时候，我已经学会了《六口人》《大娶亲》《反正话》三个段子的节选。当我以相声为职业、当我发现自己的先天条件并不理想的时候，反思儿时的这段（一夜）学习生活，我才懂得并不是我聪明，而是我父亲会教！他懂得因材施教。他把这三段活中不适合小孩儿说的、小孩儿不容易记得住的，全部删节了，更把铺、垫的台词放在捧哏身上，我没多少台词了。儿时我父亲"真传"给我的东西，就是两个字——用功。虽然那时候还不懂得切磋琢磨，但懂得不能忘词这一最低的要求，我要像我父亲那样"总背词"。因为我不止一次听到院内的邻居储奶奶在茅房外边呼叫："宝堃，又在里边背词呢吧？快点儿！"

我妈一宿没睡，在邻居储奶奶家儿媳妇的帮助下，给我赶做了一件演出服——小棉袍儿。我兴致勃勃，穿带整齐，出发……

第一次演出没演成。当时是在海河边上，我三叔常宝霆、师兄苏文茂刚"圆"上"粘儿"，一颗炮弹掉在远处的河里边，轰的一声，观众全吓跑了。从此以后我没在海河边上演出过。经常演出的地点是小刘庄、地道外。时过境迁，过去的地道外早已更名叫李公楼了，小刘庄也"名存实亡"，当年演出的那块地，已是高楼林立了。给我留下最深印象的演出地点是美琪电影院旁侧的小书场。"美琪"天津有、上海也有，是不是连锁？一个老板开的？没有查清楚。上海的

"美琪"出名,是因为蒋介石和宋美龄到过那里;天津的"美琪"出名,是因为很多影片、特别是美国的大片都在这里首映。"美琪"坐落在当年的罗斯福路上,是中心地带。新中国成立后这条路更名为和平路。其时,老天津卫习惯地称这条马路为"蓝牌儿电车道"。因为天津的有轨电车是按颜色区分线路的,计有:

蓝牌儿:从北大关始,经劝业场等站到东站(现天津站);

绿牌儿:走如今的滨江道,从劝业场西开到教堂;

红牌儿:北大关、北马路、金刚桥到东站(现天津站);

黄牌儿:北大关、东北角、大沽路、劝业场;

白牌儿:围绕天津旧城区行驶,单行线路;

蓝黄线:称花牌儿电车道。

新中国成立后,城市改造,把有轨电车扒掉了,我个人认为真是可惜了。如果像美国的旧金山、加拿大的多伦多、奥地利的维也纳似的,把电车轨道全部或局部地保留下来,天津这座古老城市的传统风貌便立即展现出来了。试想,在滨江道步行街上,坐上一段古老的电车观光,将会多么惬意。在我写这本书的时候,得到消息:北京前门大街将要修复"当当"车,以供旅游观光之用。说不定,天津有轨电车的恢复也会指日可待,愿梦想成真!美琪电影院随着罗斯福路的更名,也改叫人民剧场,经过改建,成了天津人民艺术剧院的专用剧场。旁边的小书场曾被用作人民剧场存车处,后来荡然无存了。小书场之所以给我留下深刻的印象,一是地理位置,二是因为我在这里结识了多位相声界老前辈,并且与他们"合作"。朱相臣、穆祥林,还有一位老祖辈儿的周德山,都曾在这座小书场里给我捧哏。相声名家高德明也在这里与我合作过两三次。以至于我长大成人参军入伍后,去北京迎秋小剧场观摩学习北京曲艺三团的

33

演出，每次碰到高德明先生的时候，他都像逗小孩似的对我说："怎么样小子，票一场？我给你量段《六口人》。"对那段生活，老先生都记忆犹新，何况我这年轻人。这段生活让我回味、让我自豪，有时情不自禁地向同龄人炫耀："我和前三代老艺人合作过哦。"这不是吹，见过高人和混迹一般就是不一样啊。小书场记录着我艺术生涯的开始，小书场是我人生的起点。前不久，中国曲协向从艺五十年以上的老艺人颁发证书，我在其内。曲协就是以我这段生活为据的。数了数，算了算，得到证书的人当中，我是年龄最小的。"老艺人"愧不敢当，就算"小老艺人"吧。另一个让我难忘的原因是从这个小书场开始，我"挣钱养家"啦。

"撂地"不管是在小的书场演出，还是"明地、画锅"，都不像现在正规剧场那样售票，而是"零打钱"。就是每说完一段相声，演员拿着笸箩到观众席里收费要钱，这里边规矩挺大。先说拿笸箩，要手心向下提拉着笸箩沿儿，不能手心向上，向上那是乞讨。我们是凭劳动挣的钱，您听了相声，就应该付款。这是我们的合法权益呀！所以前些时候，中国曲协改组新成立了"权益部"啊?！开个玩笑，"权益"虽同，内容不一。相声圈内，行话管钱叫"杵"，第一圈收费叫"头遍杵"，二圈依序则叫"二遍杵"。两圈下来，掌穴的（意即负责人）估计数额不够，就再组织少部分演员扫扫边边沿沿，特别是向站在板凳后边的听主收费，这叫"托边杵"。整场演出要结束了（圈内行话叫"推买卖"），在此之前紧接着最后一次打钱，再要一次，这叫连环杵。演出方与提供场地的一方多是一天一结账，或按合同规定的天数结账。除去"地"钱、板凳钱等等开销，剩下分配给演员。这叫"分份儿"。以一个份儿为基准数，演员当中有拿一个半份儿的，一个份儿的，也有半个份儿的，或是几厘份儿的，根据演员的综合水平而定。初学乍练的不够分份儿水准的，在门口拦住不给钱就走的观众，要点儿钱，要多要少全归自己，这叫"拿门把"。我的情况特殊，给我点儿零花钱。给多少呢？最多的时候一天拿一万……您看到这里一定倒吸口凉气，"啊！一万？"

一万！要真是现在的一万，6岁的我早就是百万富"儿"了。天津解放前后，我隔三岔五地演了三个月呢，您算算，三个月得拿多少钱?！其实，根本不是这么回事儿。解放初期发行的人民币面额大。最低是百元，等于现在的一分，十张百元才是一毛钱。那阵儿隔三岔五我就拿回一万元，就是现在的一块钱。但是，您可别小看这一块钱，顶用。三分买个芝麻烧饼，五分买套烧饼油条，一毛二买套煎饼果子就是带鸡蛋的了。一块钱给我妈，她乐呵呵的。甭管多少，是才6岁的儿子挣的。她心里高兴，又疼儿子，所以对我特别犒劳，演出回来给我吃的是鸡蛋炒饭，醋拌水疙瘩丝儿。儿时养成的习惯，到现在我还爱吃这口。

还有一个让我难忘的理由，每次想起来心里就沉甸甸的，那就是我对"苦"的感知。作艺不容易，这一块钱不好挣，每次演出上午十一点钟左右出了门，晚上八九点钟才回来。时冬腊月，小手冻得红红的。我带了个马虎帽，这种帽子可以卷起来带，也可以放下来套在脑袋上，只露出眼睛部位。每次我从外面回来，帽子上嘴的这个部位都结了薄薄的一层冰。当时，对一个6岁的孩子——我来说，并不懂得这是苦，跑跑颠颠还觉得挺好玩儿。长大了，每当回想及此，心里就发酸。同时，我也体会到后来我父亲不让我继续说相声的原因。但这是唯一的原因吗？

追根溯源

　　天津一解放,我的第一感觉是炮声没了,不害怕了。我们从床底下搬到了床上边,人们也从家里走到了大街上。紧张的心情松弛了,紧锁的眉头舒展了,小书场里的观众越来越多,而我的演出却越来越少。为什么? 我父亲不让去了。当时不少人劝他,有身边的师兄师弟,也有家里的亲属好友。"贵田有点儿意思,就让他说相声吧。""这孩子行,是块材料。""好好夹磨夹磨,家里多了个挣钱的。"可不管众人怎么说我父亲就是不同意。他斩钉截铁地说:"贵田,上学! "我的第一次从艺,就这样结束了。前前后后仅有 90 天。我父亲在这短短的三个月中,做出两种截然不同的决定,理由是什么? 我弄不清楚。当时也不可能搞清楚,我才 6 岁呀,您谁见过 6 岁孩子和老爸讨论从业问题? 不可能。我父亲牺牲时我 9 岁。9 岁顽童也想不到探究这个问题。更想不到我 9 岁,他便离我而去。究竟我父亲为什么不让我说相声了,我百思不得其解。直到 1984 年,我随中国广播说唱艺术团赴美国演出途中, 和侯宝林先生一次不是关于我的偶然谈话,倒使我恍然大悟。在这里写出来和您探讨,您看看是这么个理由吗。

　　1976 年打倒"四人帮"以后,文艺的春天来到了,百花齐放,姹紫嫣红。相声这一群众喜闻乐见的艺术表演形式,更是枯木逢春,繁花似锦,新人辈出。姜昆、侯耀文、我,还有其他一些人都是在这时候做出了一些成绩,得到观众的首肯。其实,侯耀文也是很早就从艺了,1965 年就加入了铁路文工团。可是他的父亲侯宝林先生当年对耀文的业务却不怎么关心。侯先生的徒弟、学生来学习请教,侯先生是悉心传授,手把手地教。对这点我本人也很有体会。可对耀文的业务,如果说侯先生是从不过问,这夸张了点儿,起码是过问的少之又少。耀文在业务上遇到点儿难题,或者有些心得体会,也是宁可向别人请教、相互切磋,也不敢在侯先生面前多说两句。1976 年之后,大有改观。侯大爷对耀文业务上的关心"显而易见"啦,80 年代初是"关怀倍增",到了 1984 年,那真是"无微不至"啦。以至于在美国演出的时候, 耀文演出服长衫袖口是卷一半儿还是全卷上? 卷一半帅还是全卷上酷? 侯老都要动脑筋琢磨一番,甚至还要和我们讨论讨论。我看在眼里,喜在心上。为什么我这么高兴?理由有三:相声人和相声圈内的事,息息相关,一损俱损,一荣俱荣。这是其一。其二,市井传言,侯常二家,鼎盛齐名,一定争来争去且非比寻常,其实不然,绝非如此。事实如何,专题介绍。其三,因为我胜利在望! 我和耀文曾经私下交谈,半开玩笑半探究:

"侯大爷是不是改脾气了?"

"这你得问他去。"

"这次赴美是个好机会,机不可失。我一定得问出答案来,也算给你帮了一个忙"。

耀文反过来问我:"有谱吗?"

"百分之六十"。

"嚯! 信心还挺足!"

我心说:这样的话只有我敢说。因为我知道什么时候能说,什么时候能问。说,能说到什么程度上;问,话茬话头从哪儿张口。说与问的宗旨,是哄老头儿高兴。说也好,问也行,万变不离其宗,只要侯大爷高兴,就有戏! 更主要的是我知道侯大爷偏爱于我。石富宽就不止一次地对我说:"侯先生又夸你了,老头儿真喜欢你。"机会难得,再不抓紧,更待何时!

中国广播说唱团应中美影视公司之邀请,抵美后的首场公演于 1984 年 12 月 15 日晚七时四十分在纽约麦迪逊花园广场举行。17 日美国各大华文报纸纷纷报道。我拿了一张《中报》,上面印着三行大字的通栏,第一行"说唱艺术不同凡响、掌声频频",第二行"观众情绪亢奋激昂、笑语连连",第三行"中国广播说唱团抵美首场盛况空前"。通栏下边一篇文章,标题是"相声称大师功夫炉火纯青,壮哉侯宝林有子克绍箕裘"。

演出的成功,观众的掌声,媒体的赞许,让说唱团一行 17 人,人人沉浸在欢乐之中! 我拿着报纸高高兴兴找到侯先生:

"侯大爷,跟您汇报个事儿。"

作者与侯宝林(中)、侯耀文(左)在一起

38

"说！小子(za)。"

高兴之余，侯大爷说话比平时长了个调门儿，声音更脆了！我说，有几位记者问，"侯耀文"中间那个字是"光宗耀祖"的耀还是"跃居首位"的跃？

今天我坦白，这个问题记者没直接向我提问，是我根据友人的提问，编辑到一块儿的。就为有个话头儿，反正光宗耀祖、跃居首位都是侯大爷企盼的。

"侯大爷，这个问题我只能……问您呐。"

"嗯，问别人我也不干呐……跟我闹？是吧？呵呵，你们年轻人跟我们老的砸个挂、开个玩笑，我们高兴。这么做对业务也有好处啊，要不怎么说你的活越使越滋润呢，铺垫得瓷实啊。"

听话听声儿，锣鼓听音儿，侯老话里有话！

"您就别夸我了，记者等着呐。"

"哪个记者呀？再有记者问的话，你就告诉他们：哪个字都行。"

"啊？"

"那是警察给改的，说这俩字是一个字，一个繁体的一个简写的，我让小宝找他们改回来，警察建议，别改了，说这个字一改，家里的证啊、卡呀都得改，又麻烦又复杂，甭改，通用。"

"那光宗耀祖和跃居首位，您认可哪一个"？

侯先生笑而不答。过了两三分钟才问我："你看这报了吗？"

"没有，拿了就给您送来了"。

"你看看。"

我打开报纸，一看，其中写道："侯耀文从12岁开始就违反他父亲的意愿，开始学说相声……二十年来，越来越被观众接受。记者问侯先生，为什么你不愿三公子学相声？侯氏说：'我认为他不能达到我的水平。'当记者加上一句'儿子今后可能超过老子'时,稳重的老侯宝林只是笑,不说话,冲劲十足的小侯宝林却'理直气壮'地说'希望如此',引得大家都笑起来。"

敢情老侯和小侯全了解!报纸把我"刨"了!

看完了,我凑到侯先生跟前:"侯大爷,这耀文是卧底呀还是返水啦?"

"没跟你说吗,我这老的愿意跟你们这年轻的开玩笑。"

"合算,就把我一人搁里头了!"

"你、耀文,你们这样的说相声,是能光宗耀祖还是辱没门庭,就只隔一道墙啊。"侯先生直言不讳!侯先生语出惊人!侯先生这么一句话,使我顿开茅塞,如梦方醒。几十年追寻的答案,被侯先生一语道破了。我懂得了:我父亲也好,侯大爷也好,和他们一样红得发紫的前辈也好,之所以不让他们的后辈继承他们的事业,是因为他们"怕"!怕后辈不如他们,怕后辈糟蹋了他们创下的艺术财富,怕别人指着他们不成才的后辈说:"这就是您的少爷?都说将门出虎子,您怎么不好好教教他?他这能耐,跟您比差的不是一星半点儿啊……"假若他们的后辈干了别的行当,成才也罢,一般般也罢,都不会招来和他们相关联的、类似的非议。

我们这些"世家子弟",决不像常人说的那样:"你们这样的,有祖上的光环罩着,沾了多大的光啊。"说实话,光是沾了点儿,但只靠沾的光、反的光,那没多大的亮。要想亮,还得自己发光。"世家子弟"也难呐。

耀文经过多年的发奋图强、艰苦奋斗,成绩斐然。侯先生看到他不仅不会辱没门庭,而是会光宗耀祖的时分才改变了初衷。我父亲如果活着,是不是亦这样对我?

40

常宝堃、侯宝林，他们生长在同一时期，有共同的时代背景，有相近的生活氛围，有类似的社会地位，有一样的特定职业。父一辈子一辈，我和耀文也和我们的父辈一样，有共同的、有相近的、有类似的、有一样的。从侯先生和耀文的身上，我能悟出我在现实生活中没能体会到的内容。我的联想，是否准确？各位读者您作何判断呢？

我的父亲幼小从艺，没念过书。如果填表，学历一栏只能填"文盲"。可是他在台上文才横溢，文从字顺，说出来的文学语言，具有形象性、多义性和超常性，富有感人的艺术魅力；在台下是温文尔雅、文质彬彬，举止谈吐表现出学识渊博。他靠的是"记问之学"。他向作家求教，他向画家求学，他向京剧名家求知，他向影剧明星求识，更把同行内的"超人"尊为师长。更难得的是他不耻"下"问。举个例子。为了研究数来宝的句式、辙韵，他能把一位沿街乞讨唱数来宝的吴傻子请到家里来，一句一句地问，一点一点地记。就这样天长日久，由表及里，由此及彼，集腋成裘。生活的磨炼，让我父亲懂得文化的重要。他要求他的孩子必须学习，希望我成为家里的一位大学生。

除了以上的原因，还有一条原因，那就是我父亲不愿意让我们再吃苦。常宝堃不是生下来就是艺术家。俗话说："要想人前显贵，必得人后受罪。"他受的罪太大了，吃的苦太多了，他不想让他的孩子再说相声、再吃苦受罪，孩子们过上幸福的生活是他最大的安慰、希冀。我父亲就是这样想的，因为他当面跟我说过。那是在我"离家出走""回归故里"之后听到的。

离家出走

天津解放不久，北平（现北京）和平解放。人民的生活安定下来，一切都在恢复之中。剧团也很快恢复了演出。我父亲以极大的热情创作、排练、演出反映新生活的节目。像《新灯谜》《新酒令》《封建婚姻》《封建礼节》等等，都是在那个时候和观众见面的。因为他歌颂新生活，歌颂共产党，所以喜欢他的观众更多、更广了，声誉也更高了。他每场演出都非常认真，兢兢业业。有时候观众的欣赏能力和所要表演的节目出现差距，"活"开错了。怎么办呢？他不改"活"，更不对付，而是以他丰富的舞台经验和卓绝的表演能力，改变"活"的使法，以适应观众。他的宗旨就是"听观众的"。因此他总是认真地搜集观众的反应，了解观众的想法。他对观众的欣赏习惯和审美要求的变化，极为敏感。他凭着记问之学和丰富的社会知识，不断改进自己所说的段子，增加新内容。比如说《挑春》（又称《卖春联》），在使这块活的时候，就使用了"现挂"：

乙：横批都是四个字，你这个横批，怎么三个字啊？

甲：谁说的？也是四个字。你得会唱啊，咱们工人有力量（唱），嘿！

乙：这嘿也算呐？

这样的"现挂"既新颖又合情合理。第一次使，是"现挂"，把它放在段子里,保存下来,是个很新鲜的《满堂彩》。

他创作的《家庭论》中,结合现实论述了夫妻之间应该互相信任、互相尊重、互相帮助,还介绍了宋朝文人陈季常怕老婆的故事,丰富了观众的知识。在《酒迷》中,把"李亚仙刺目警元和"的典故加进去,不仅揭示了封建时代妇女的愚昧无知,而且也告诫人们不要贪恋酒色。

在《封建婚姻》中他创作了这样的"包袱儿":

甲:过去重男轻女,谁家要生了个男孩,大家送礼,帐子上写着"弄璋之喜"。

乙:这怎么讲?

甲:璋啊,是一种玉器,生了男孩就如同得了一块玉。

乙:那要生个女孩儿呐?

甲:就写弄瓦之喜。

乙:改瓦啦?! 这差得太多啦。

甲:有位妇女头一胎生了个女孩,送的帐子写着弄瓦之喜。

乙:噢。

甲:转过年来,又生了一个还是女孩。

乙:还是"瓦"呀!

甲:第三胎……

乙:怎么样?

甲:还是女孩。

乙:三千金。

甲:有位送礼的,帐子上写了一首诗,太损了。

乙：怎么写的？

甲：头年送帐方弄瓦，转年弄瓦帐一条。弄来弄去还是瓦，
原来夫人是瓦窑。

乙：啊！太轻视妇女啦。

　　这个"包袱儿"是我父亲根据一个学生听众讲的笑话编演的，
和当时人民群众反对封建礼教、封建意识的要求相呼应，这些都起
到了揭露、讽刺旧社会、旧风俗的作用。

　　他歌颂新生活，歌颂共产党。因为他了解共产党，认识地下党。
当然，他也了解国民党，"认识"两三个国民党人。这一"认识"不得
了，如果他不是在朝鲜殉国，在"镇反"中，很可能"在劫难逃"。就是
这样，"文化大革命"中也没能"躲开"。您想知道常宝堃"认识"两党
中的秘密人士的故事吗？各位看官，您还得听我慢慢道来。

　　我有两个祖母，原因很简单——旧社会允许，当然也是情感所
致。两位奶奶一瘦一胖，故称瘦奶奶、胖奶奶。胖、瘦两奶奶是转着
弯儿的亲戚，都是苦人家出身。我爷爷先娶的瘦奶奶，跟着我爷爷
东奔西走流浪卖艺，受了半辈子的苦。胖奶奶家里生活也是没着
落，被卖到一位蒙古人家里，要把她带到内蒙古去，胖奶奶誓死不
从，躲到瘦奶奶家——就是我爷爷家避难，我爷爷欣然允诺，可谓
"英雄救美"。日日相处，一来二去有了感情。用今天的观念来分析，
爷爷和奶奶也曾年轻过，也有"追求真正爱情"的自由。再者说，老
年间的事喽，我看不必追根究底，更不能完全用今天的观点来分辨
是非曲直。总之，成了一家人。虽有磕磕碰碰，但也相安无事。一是
我爷爷"镇"得住，二是两位奶奶识大体、顾大局。更可喜的是，两位
奶奶所生子女相处甚密。做到此点，我父亲、叔叔、姑姑们都做出了

努力。我想一父所生固然是将他们凝聚在一起的一个理由,更主要的是相声这一家庭生活来源的唯一支柱,把他们团结起来,使他们有了向心力、凝聚力。更有我妈妈、婶婶、姑夫等多位明事理的人"加盟",为"相声世家"添砖加瓦。

写了这么多,交代得如此清楚,就为引出一个人:胖奶奶的一位亲戚——胖奶奶的姐姐。在军阀混战时期,她嫁了个军阀队伍中的长官,生儿育女。其中一个儿子(我应该叫表叔),思想进步,接受马列主义,追求理想,意欲到延安投奔共产党。旧军官的儿子投奔共产党?一点不奇怪。您想,只有他们这样出身的人,才念得起书,才有学上,才有可能接受新文化、新思想。我这位表叔——参加革命的仅此一位,我没达到"我家的表叔数不清"的程度——和我父亲时有往来。相互交往、交谈中的思想渗透可想而知。表叔临赴延安前,二人又深谈一夜,谈的什么不可能告诉我,也没有跟我妈妈讲,只知道我父亲给了他钱,给了他衣物。观其行,思其意,我父亲支持了他的革命行动……写到这里我停笔了,我埋怨自己。我这位表叔,虽年近九十,但眼不花,耳不聋,背不驼,神智清,身体尚好。为了对读者负责,我就应该找他了解一下当年的情况,如此做法,既是对广大读者尽了忠了,也是我对我父亲尽了孝了。决心已下,说干就干!通过我的妹妹常宏联络表叔,表叔不但欣然允诺,还提了条好建议:他给写个文字材料,以资证明。

我叫王雄宇,现名王忠民。我1946—1948年在北京读大学,参加进步学生运动。1957年海军司令部通信兵部对我审干结论为"有过许多革命活动"。

回顾1948年8月19日,国民党对我校进步学生大逮捕后,有两件事接触到常宝堃。

一是组织安排我转去解放区。在天津我告诉常宝堃我走的事,他当时说:"我真想和你一块去,可是我走不过去,人家都认识我。"此时又谈到他夜晚回家、常被纠缠、拳打脚踢、抽嘴巴、白天演出被寻衅、由说词惹来灾祸之事常有发生。伴有苦闷、无奈和不满的心绪。

二是我秘密安排郑安邦(后改名王正)、冯树桐(后改名高可弟)经由天津转去解放区,这就必须在天津住一夜,翌日清晨,二人乔扮夫妇离开天津。天津没有合适安全关系,所以选定宝堃家出走。

郑安邦是我发展的同志,在抗拒逮捕斗争中,由他勇敢出头对话军警和特务。

冯树桐是学校地下党组织委员。

我的行动基本没有和常宝堃有所隐瞒。

我表叔写的材料,所述虽简短,但我父亲的所作所为,历历在目,一目了然。看起来,我父亲在新中国成立前就和地下党有所接触,对共产党人有所了解。

解放啦,解放军进了城。部分商家囿于对人民军队的不了解,没有开门营业。我父亲自告奋勇,给解放军当向导,在竹远里胡同口儿外边的水铺,我亲眼看着他叫开的门。"掌柜的,我是常宝堃,开门吧,没事儿,解放军要买点儿水喝。"卖开水的一听,是街坊,是熟悉的常宝堃,把门打开了!水铺开门了,杂货铺开门了,药铺开门了……老百姓把街门打开了!这样的行动今天看来很平常,可在当时却非比寻常,是我父亲常宝堃从中帮了忙。您要知道,帮助解放军的有相声演员，客观上给解放军进城造成困难、被解放军惩罚了的也有人在。我父亲帮助解放军的行动或许就是受我那位表叔开导的结果吧。我父亲以他的社会威望、以他的艺术成就、以他的实际行动，赢得了党和人民的信任和重视，被委以天津市文艺工会负责人、天津市各界代表大会文艺代表、全国第一届文代会代表等职。

"文革"时期，天津的造反派"高举红旗""高唱红歌"砸毁了我父亲的墓碑，高呼："打倒常宝堃！还历史真面目！"既然他们说历史，我也就说历史。今天，现在，我就给您说说这历史上的一小段。

兄弟剧团由我父亲领衔，演出曲艺、笑剧，时而也反串演出戏曲。相声演员除我父亲和他的搭档赵佩茹先生，还有马三立、刘桂田、秦佩贤、荷花女等人加盟。演唱的角儿是白云鹏、林红玉、小彩舞、石慧儒、武艳芳、花小宝、雪艳花。杂技有陈亚南、陈亚华两兄弟的魔术，宋少臣、宋惠玲两兄妹的踢毽，有王雨田带领女儿王葵英、王桂英表演的飞叉、空竹，还有金业勤的车技、沈君的口技……前前后后百十来人参与。后来为了演笑剧还邀请了话剧演员方紫萍、王玲以及专门从上海请来的杨玉华（日后嫁给了赵佩茹先生，成了我的师娘）。评剧名家新凤霞在所写回忆录中，追述了她和我父亲及马三爷合作的趣事，那是兄弟剧团早期的事情了。

笑剧，区别于相声，它有人物。由演员扮成不同的人物现身说法，相声则是说法现身；笑剧，区别于话剧，它有"包袱儿"；笑剧，区别于所有的舞台剧，它是活词；笑剧，区别于小品，它是多幕或是独幕的戏。

当年，兄弟剧团的演员多是相声演员，故而笑剧的表演，大量吸收了相声的表演因素。那时，兄弟剧团经常演出的剧目有《一碗饭》《孝子》《真假姑妈》《笨侦探》《活菩萨》等等。

如今，北京电视台播出的"笑动"、上海电视台播出的"笑傲江湖"还有一点儿笑剧的影子。

这是我的一孔之见，还请有识之士赐教。

兄弟剧团中有位演员叫佟浩如，既说相声又说评书。别看说相声不怎么出名，但在社会上交际甚广，并且和我父亲常宝堃、师父赵佩茹等人拜了一盟把兄弟。又是同行又是盟兄弟，关系自然不错。就因为这位佟姓兄弟，我父亲险些成了"国民党特务"。起因是佟浩如有个弟弟佟荣功，系国民党驻北平某部某处处长。新中国成立后逃到东北，被捕。在审讯中，他交代："我哥说过，来津后若找不到他，就找常宝堃。""镇反"时佟浩如被捕了。那时我父亲已经在朝鲜牺牲，党和政府授予他"革命烈士""人民艺术家"光荣称号。"文化大革命"时"革命造反派"要"还历史真面目"——"常宝堃是假烈士，真特务"。这纯属诬陷！据了解，公安部门早有定论：特务的联络网里，没有常宝堃这么一号。佟浩如的意思是说常宝堃有名，我佟浩如就在他团里工作，你佟荣功要是找不到我，就去常那里一打听就知道我佟浩如的下落啦。可搁到"造反派"嘴里，说出来就变了："'找不到佟浩如，就找常宝堃。'甭问，常宝堃是佟浩如的后台呀！要把常宝堃定成大特务，那可是'伟大胜利'。""四人帮"的倒行逆施，连累了多少无辜的百姓。可历史的车轮决不会倒转。《三国》开篇有句名言——"古今多少事，都付笑谈中"，"常宝堃是特务"只是今天谈笑的话题了。

解放了，生活安定了。我父亲也要把家安排一下了。他用存的钱，又借了一部分，买下了天津陕西路兴隆南里4号的住宅。那是一栋不大的二层小楼。可惜，他只住了不到两年……

父亲把我和弟弟贵祥安排在圣功小学读书。我是插班生，一去就上三年级。不知是因为初次就读正规学校的缘故，还是父亲要求我不再学相声而要专心致志上学的原因，小学的沈、戴、于、罗四位老师，和我在一个学习小组的任家欣、曹英、曹庆国三位女同学，及一位姓孟的男同学，至今记忆犹新。各位读者不要见笑，女同学姓名都记住了，小组里就一位男同学，还给人家忘了……其实不然。各位读者，您有所不知，越是关系亲近，孩时越不叫他大名，不是叫他的绰号，就是叫他的乳名，以显得二人关系与众不同。孟姓同学，乳名叫穗儿。因为他的脑袋后面留了一寸多长的小坠根儿。为保护隐私权，这里就不介绍他的学名了。说起他的小坠根儿，不由想起我的小辫儿。我一岁多的时候，我妈妈也给我留了个小辫儿，不在脑袋后边而是在旋儿上。小辫儿比火柴棍儿粗不了多少。那时我经常随家人来往京、津两地，有一次跟我二姑坐火车，我犯了脾气，非要下车不可。火车在行进中哪儿能停下？我二姑哄我也不行，吓我也不行。我是连哭带闹，一犯拧，愣把小辫儿揪下来了。长大了，懂事了，通情达理了。可从小养成的那股拧劲儿有时还犯，甚至成心犯拧。

我父亲每天忙于他的新节目的排练演出，忙于剧团的生存改造，忙于文艺工会的学习提高……在繁忙的工作中，很少有时间管孩子。我妈妈忙着外边的迎来送往，忙着家里的柴米油盐……她没读过多少年书，对孩子的文化教育、学习上的监督管理，心有余而力不足，只是说说而已。我幼小对学习的重要性又没认识到，没有打下爱学习的良好基础。实话实说，小学的课程尚能及格，初中一年级开始，不是俄语不及格，就是代数不满六十分，要不就是化学补考。我上的学校可是天津的名牌学校——天津一中，校长韦力那是联合国教科文组织承认并挂了号的唯一的中学校长。说来惭愧，我的学习成绩真对不起这名牌学校,真给校长丢人。要不是照顾我这个烈士子弟,恐怕早把我……就算不开除,也得劝退了。可以说,从小学到中学,学习一直不怎么样。学习不上心,皆因玩儿心忒重。玩儿矿石收音机、玩儿蟋蟀、踢足球、踢罐电报……下了学就是玩儿,就是闹。幼时唯一可夸的是不跟人家打架。因为我知道我打不过人家!学习成绩上不去,我妈着急,就用板儿打我。这板儿可是祖传的家法,据说是我爷爷发明的,一寸多宽,不到二尺长。挨打的趴到板凳上,先被告之打几板儿,也可以"讨价还价"要求少打,反正是连打带吓唬。恨铁不成钢,打打也无妨。

不过有一种打简直没道理。每到春节,大约腊月二十五六,我们家所有孩子集合起来,每人挨两板儿,为的是让你节前哭够了,过节时候不许哭。您说这叫什么主意!这两年电视台录制"旧时过年习俗",我去讲了几次这个内容,大家都听着新鲜。这"家法"是我爷爷发明的。他的教育方法净是奇特的,比如小孩儿拿着个易碎的瓷碗,他不直截了当地叫孩子放下,而是在旁边念叨:"这碗说话啦,要碎!要碎!"这样说,是把威严加进幽默?是好教育孩子?还是侧面提醒除他之外的其他家里人?闹不清楚。我不断受到打的威胁,真是又怕、又烦、又躁。

有一次,我妈妈又打了我之后,我的拧劲上来了,出了家门就走了。说是走,其实就是在街上转悠,东转转、西转转,太阳落山了我还没回家。这一下可把家里人急坏了,我妈、大姑、大姑夫分头到处找我。天黑了,我也走累了,我也转饿了,天越来越黑,我越来越害怕,顺着原路一溜小跑,跑回了家。上午从兴隆南里跑出来,晚上又回到兴隆南里,要不怎么叫"回归故里"呢!我爸、我妈都在等着我,我害怕极了,心想准又是一顿打。但我想错了,我一进门,我父亲就把我搂进怀里。"孩子,你能上哪儿啊?你这么小,一个人在外边活得下去吗?爸爸比你小的时候,也在外边转悠,风里、雨里,那是没办法,不转悠就没钱挣、就没饭吃。今天,你有饭吃,而且吃的是好饭,你在外边转悠可就快没饭吃了。可不能再跑了。爸爸妈妈以后不打你了,可你得好好上学,爸爸没文化,干点儿什么难极了,爸爸等着你成为咱们家的第一个大学生呐。"……我父亲还说了很多很多,我记下的只有这么几句。那天晚上,我父亲带我去看了戏。至今我都记得那出戏名叫《铁公鸡》,由李铁英主演。从那儿以后,我父亲差不多每个星期都要带我去趟天祥市场或者劝业场,而且准给我买个小玩具。

"养儿才知父母恩。"当年我父亲说的这些话,当时并没有打动我。我父亲为了与我沟通感情采取的举措,当时我也没理解到他的良苦用心。直到我有了孩子,为孩子着急、生气、恼火,为孩子高兴、自豪、欣慰的时候,我才体会到我父亲对我的怜爱之情。我能深刻记住的事只此一件而已,我能体会到的父爱也是由此而生。但这是短暂的,我9岁便失去了这本不该失去的爱。

父亲殉国

1950 年朝鲜战争爆发了。在当时的条件下,只知道是美帝国主义从仁川登陆发动侵略战争,打到鸭绿江边,"唇亡齿寒",中国领导人在迫不得已的情况下,发出了"抗美援朝,保家卫国"的号召,中国人民志愿军雄赳赳、气昂昂,跨过鸭绿江。

没有当过兵的人没有体会,当了兵没上过前线的人也没有感受。前线的兵最盼望的一是来信,二是来人。我在参军入伍以后,经常去前线慰问演出,在前线最长待过十个月,是深有体会的。盼家信是人之常情,盼来人是因为前线太闭塞了,来了人就会带来很多闻所未闻的新鲜事。现在交通、通信这么发达,连队里都安装了电话,但在边防哨所、海岛兵站的军人仍是盼信。所以"烽火连三月,家书抵万金"这一千古名句,从古传到今。杜甫太有生活了,想必他一定"下过连队"、了解过战士、体验过生活,才会写出这么"接地气"的诗句。

您想,今日尚且如此,当年在那么艰苦条件中生活的志愿军的心情,可想而知。志愿军总部向中央军委提出建议,党中央审时度势、因势利导,决定派出"中国人民赴朝慰问团",到前线慰问最可爱的人。这会给前线的战士无比的鼓舞,这会给后方的人民有力的激励。

中国人民赴朝慰问团由 575 人组成,团长廖承志,陈沂、田汉等人担任副职。全团分七个分团及总团曲艺服务大队。这个大队囊括了侯宝林、高元钧、关学曾、郭启儒等名家，显而易见曲艺在当时发挥了短小精悍、易于机动的作用。本来，中央并没有从天津抽调演员赴朝，当我父亲听到赴朝慰问团组团的消息后，立即向天津市文化局局长请求参战，又亲自到京联系落实。慰问团听到常宝堃这样一位名人主动请缨，当然是喜出望外，破格批准。

一切办妥以后，我父亲回到西单，准备将此事向我爷爷和盘托出。我父亲为难了，老爷子是支持此举还是会提出非议、反对此行呢？爷儿俩见面后我父亲半天没张嘴，倒是我爷爷先说话了：

"你有事？"

……

"你从来说话干净利落脆，你要不是心里有事，决不会这么吞吞吐吐。说吧，是不是要去朝鲜？"

"您……"

"知子莫若父，你心里怎么想的，我能不知道!？不能落在旁人后头，去！"

原来以为我爷爷的工作最难做，没想到，没两句话，他就表示支持我父亲了。我长大之后，曾就这个问题

常宝堃（后排右二）与朝鲜百姓在一起

53

问过我爷爷，他老人家摇了摇头，摆了摆手，就说了一句话："你爸爸的要强心，谁也改变不了。"

常宝堃作为大队负责人之一兼第四中队负责人，带领着天津同人，奔赴了朝鲜战场。

我手头有十几张珍贵的照片，真实地记录了我父亲在朝的生活、演出。

他和志愿军一样，穿的是战士的棉军装、棉军大衣；

他和志愿军一样，背的是行军的背包、干粮袋；

他和志愿军一样，住在朝鲜老百姓家里，和大爷、大娘、小朋友合影留念；

他和志愿军一样，在树林里躲避美国的飞机，唯一不同的是战士们坐着，他站着，他在为战上们演出。

我师父跟我说了我父亲在朝鲜的几个小故事。

在朝鲜给志愿军演出，大多是在树林子里，为的是隐蔽防空。一般是黄昏时演出，越演天越黑。敌机不来，看演出的战士们可以踏踏实实看完这一场；敌机来了通常是先扔照明弹，照得四周如同白昼。有一次敌机来了，部队领导马上叫慰问团疏散，钻防空洞。可战士原地未动。我父亲发现了这个问题，追问部队领导，部队首长说："战士习惯了，也有经验了，他们不怕了。""战士不怕，我们也不怕，演！"我父亲斩钉截铁地说。战上们鼓掌热烈欢迎啊！我父亲此时还使了个现挂：

"咱们得感谢老美呀。天黑了，知道大家看不清楚……"用手一指照明弹，"给咱们安了几个临时电灯！"

一个"包袱儿"把紧张的气氛一扫而尽。慰问团和战士心连心。我父亲的演出更受欢迎了。

常宝堃、赵佩茹为志愿军演出

有一次正准备行军转移，突然来了敌机，演员们钻进了防空洞。可我师父在洞里没看见我父亲。等出洞一看，我父亲正看着乐器、道具。我师父埋怨他，可我父亲说："这乐器、道具要是炸了、丢了、发生意外，咱们可就甭演了。"

榜样的力量是无穷的。我后来在慰问部队中，特别是在1966年抗美援越的战场上，我父亲的形象就在我的心中。对我的所作所为，部队指战员给予了充分的肯定，批准我入了党，给我请了功。

可是在海南的慰问活动中，我身体力行"看乐器"却遭到"批判"。那是1970年8月发生的事。海南岛有个地方叫"莺歌岭"，当时岭上岭下都驻扎有部队。头天晚上给岭下战士演出，转天上山慰问。晚上演出安了灯光，部队发电机供电。在演出中，由于违章加油，致使发电机着火。文工团的同志们蜂拥而上，前去救火。我也正要前去，看见舞台空无一人，乐器、道具、服装都在舞台边，周围有不少不知从何而来的老百姓，……我突然想起我父亲说的那句话："发生意外咱们可就甭演了。"我毅然决然地留了下来。这一留，留出了祸害，带队的领导组织同志们对我进行"帮促"。这是当时最时髦的词了，说好听一点是"帮助促进"，其实就是批判整人，要整一整我的"怕死"思想。我当然不服。我怕死？四年前我就在枪林弹雨之中，我经历过的你们见都没见过，怎么会是我怕死？这位"领导"如此这般无非是表现自己"善抓阶级斗争"，"政绩卓著"。时间是最能考验人的！没想到，这位靠造反起家的"领导"，最后落了个开除出党、被清除出部队的结局。这真应了那句话：善有善报，恶有恶报。

实话实说，谁都不愿意死，谁不想多活些年，多过上几年好日子？从这个角度说，人人都怕死。但到了关键时刻，一旦需要你献出最宝贵生命的时候你能舍生忘死，那可就是英雄行为了。我父亲以大无畏的精神要求到前线去，舍生忘死为志愿军演出，1951 年 4 月23 日中午，我父亲在归国的途中，遭美军飞机扫射，不幸中弹，牺牲在朝鲜，以身殉国。

不少人说"常宝堃会生会死，活得红红火火，死得轰轰烈烈"；活着的时候千万人注目，死了的时候千万人落泪；红红火火的著名艺人，为国捐躯在轰轰烈烈的战场上。从古至今，仅此一人。

这里用得上那句老词了——亘古一人！

据报道，我父亲的追悼会有十万余人参加，公祭了三天。那时候讲究出殡，由时任天津市市长黄敬和廖承志同志及各级领导扶灵，围着天津的繁华街道转了一圈，街道两边的商店都自设茶水站、点心桌，供参加出殡的人餐饮。老百姓蜂拥在道旁，目送这位他们心中喜爱的演员。我作为长子，要穿着孝、打着幡，9 岁的孩子走不动,一位姓郭的大个子警察叔叔抱着我。抱一段,走一段,走一段,抱一段,三个多小时就这样"抱来抱去"。在这里,我由衷地谢谢郭叔叔,也谢谢当年参加公祭的父老乡亲们。

我父亲最初埋葬在天津第一公墓,后来其他人的墓都迁出了,只留下常宝堃、程树棠两烈士的墓,第一公墓也更名为海口路公园。此名知之者甚少,因为天津的父老乡亲习惯地管那个公园叫"小蘑菇坟地"。我父亲的墓碑碑文由当时的天津市委宣传部部长、文学家方纪先生题写——人民艺术家常宝堃烈士之墓。"人民艺术家"可不是随便写、任意叫的。据我所知由政府职能部门授予这一称号的只有两位,一位是老舍先生,一位就是我的父亲。可是在动乱年代,一位跳湖自杀了,一位的墓碑被砸碎了。尽管如此,历史也不会改变,两位艺术家永远在人民心中。

这里特别提一下,老舍先生当时为我父亲题写的悼词是:"你们的精神不死,我们一定要报仇。"刊登在1951年5月15日的《天津日报》上。

也有人说:"常宝堃去朝鲜,就得死在那儿,应了他的名字了,'堃'字二方一土,中国和朝鲜两方,连在一块土地上。"显而易见这是带有迷信色彩的说法。其实,我父亲这已经是第二次去朝鲜了,他灌制的那些唱片,大多是在朝鲜录制的。

也有人问:"你爸爸干吗主动报名赴朝啊?"就连我的子女现在有时也说:"爷爷如果不主动去,就不会死。他要健在,今天我得沾多大的光啊,也许我能开上大奔了。"每当及此,我总是笑着对他们说:"大奔能不能开上两说着,大卡车……解放牌儿,有戏!"历史就是历史,只有结果没有如果!子女们懂得报效祖国,也懂得把个人利益和祖国的安危联系在一起,但是他们不理解像爷爷这样的前辈们的毫不利己的爱国热情,不理解旧社会、新社会、新旧社会两重天,更不理解他爷爷"九死一生"的情怀。

更多的人是惋惜:常宝堃牺牲时才29岁,这个年龄正是干事业的好时候,更何况他的事业已经如日中天,真是太可惜了。我的孩子惋惜爷爷的心情也是难能可贵的,我不是也经常想象我父亲如果活到现在的情景吗?

1951年9月,为了纪念我的父亲常宝堃,也为了激发广大群众的爱国热情,同仇敌忾,抗美援朝,党中央在北京中山公园召开了隆重的大会,追悼包括我父亲在内的五位烈士。周恩来、刘少奇、陈云、宋庆龄、彭真、陈毅等党和国家领导人出席了大会。各民主党派、各界代表义愤填膺,声讨美帝国主义的侵略罪行。全国人民又掀起一次捐献飞机大炮,为抗美援朝做贡献的新高潮。

1961年,为了纪念我的父亲常宝堃逝世十周年,由文化部、中国曲协、天津市文化局共同主办了"常氏相声晚会"。由我爷爷常连安领衔,我的五位叔叔常宝霖、常宝霆、常宝华、常宝庆、常宝丰参演,同辈人中有我和贵陞,还特别邀请了我父亲唯一的相声弟子苏文茂共同献艺,我的五姑常宝珊主持,并请赵佩茹、白全福、全长保、李洪基诸位先生助演。侯宝林先生、高元钧先生都到现场祝贺并和观众见了面。演出反响强烈,效果极佳。遗憾的是常(常宝堃)、马(马三立)、赵(赵佩茹)中的马,由于当时的"政治"原因,正在农村劳动。据说,他曾向领导请假,要求返津参加盛会,"领导"说他没资格。其实,这"领导"哪里知道,在九泉之下的烈士,多么想和他促膝谈心、切磋技艺啊。第二次举办"常氏相声晚会",纪念我父亲逝世35周年,马老出席并发表了讲话,情真意切,让人动情。

"文革"当中,我父亲的墓碑被砸毁了,拨乱反正后,我们把我父亲的遗骨从墓穴中起出火化了,骨灰安放在天津烈士陵园。

1990年4月在上海举办"上海国际相声交流演播"时,当年赴朝慰问团陈沂副团长撰文"致侯宝林并怀念常宝堃",发表在4月8日的《文汇报》上,全文如下:

　　那是在战火纷飞的朝鲜战场,两位著名的相声演员,北京的侯宝林和天津的常宝堃,同我和廖公一起奉中国人民之命到朝鲜战场去慰问中国人民志愿军和朝鲜人民军。当时廖公是慰问团的总团长,我和田汉是副总团长。随团的有全国各地的艺术家,侯宝林、常宝堃就是其中的二位。

　　这是我和侯宝林和常宝堃结识的开始。今天他们二人,一个还活着,一个早已英勇牺牲,每当我回忆起过去,40年前的往事仿佛就在眼前,人世沧桑,不能不令人产生怀念和敬意。

　　当年到朝鲜战场去,是需要勇气的,因为那里天天在流血,即使不是在前线,就是在后方,在行军途中,也有遭到美国飞机袭击的危险。何况我们这个慰问团,要到前线去,要到阵地上去,因为那里战斗着的是我们的亲人,我们最可爱的人。侯宝林、常宝堃也不例外。

　　今天侯宝林会回忆起,我们当年过鸭绿江桥的情景:志愿军总部派了最好的车来接我们,他们是在敌机到处挂着天灯(照明弹)的情况下,不开灯行车,随着防空哨的指引,穿行于各个战场的。

　　今天侯宝林也会回忆起,他的相声表演是那么受志愿军战士的欢迎,演出时,他们常常放声大笑,赞不绝口,总是在几个"再来一个"之后,才放他走。须知那时候的表演,不是在防空洞、交通壕,就是将两辆汽车连着放下车板拼在一起作为舞台而露天演出。

今天侯宝林更会回忆起,我们在志愿军总部一个叫会仓里的山洞里,给彭总演出,彭总脸上始终露着微笑,这是他出国以来第一次接受祖国派来的亲人的慰问, 更是他第一次享受祖国人民带来的文艺节目。这也是他第一次听侯宝林的相声,他也跟其他同志一样高喊"再来一个"。记得侯宝林有一个相声最后一句"告辞了",给彭总留下深深的印象,以致当我们离开志愿军总部的时候,彭总也学侯宝林的"告辞了"向我们挥手告别。

常宝堃虽然没有到志愿军总部,但他到了三八线,比侯宝林还走在前面。在那里的坑道、交通壕乃至一辆汽车边,他都不辞辛劳、不避艰险地为战士演出。

正因为此, 常宝堃竟在战地牺牲了。消息传到志愿军总部,当杜平同志(志愿军政治部主任)把电报给我和廖公看的时候,我们都流泪了。杜平同志向我们传达了彭总对常宝堃牺牲的深沉哀悼,并要我们回国后向他在天津的家属表示志愿军战士们的慰问。

常宝堃已经牺牲快40年了,廖公、田汉也已去世,作为还活着的我,今天在上海的国际相声交流演播活动中,有责任将此事告知我国的相声界和千千万万的相声听众。当年在战火纷飞的朝鲜战场,他们的演出,成了鼓舞士气、提高战斗力的一种精神力量。我想那些有幸听到过侯宝林、常宝堃相声的人们,虽然他们如今已是六七十岁的老人了,但当他们回忆往事时,是不会忘记侯宝林、常宝堃的。

　　常宝堃虽已英勇牺牲快 40 年了,然而相声事业(应该说这是一种事业),却在祖国大地开花结果,而且这个花正越开越茂盛,果越结越硕大,从语言上讲更成熟了,从内容上讲,更丰富了,不光有讽刺,还有歌颂和表扬。总之,让人听了受鼓舞、受教育、受鞭策。而且听众那么的广泛。侯宝林作为艺术大师,他的成就是经过了战火的考验的,这点特别可贵,因而他的艺术生命得以长久,并在他和常宝堃等其他相声艺术家们的带领下,出现了像马季、姜昆、常宝华、常贵田等一大批富有才华的相声表演艺术家和一大群听众。

　　祝愿相声艺术取得更大的发展,在建设社会主义祖国中发扬更大的鼓舞人民、教育人民的作用。祝愿全体参加这次相声演播活动的艺术家们健康、幸福,在上海生活愉快!

荷塘清趣

1981 年夏季,在参加中国文联组织赴北戴河疗养的活动中,我有幸结识了老舍先生的夫人胡絜青老人。那年她已 76 岁,但精神矍铄,神采飞扬。那年我四十没到,沏个茶,打个水儿,跑个道儿,说个小笑话,她高兴,爱听!她身边虽有女儿照顾,我看得出来,她高兴和我聊天。为什么?她是正红旗,我是镶白旗,同是满族。我祖籍北京,她北京生人,能聊到一块儿啊。更巧的是老舍先生生前携全家住在北京东城丰富胡同,我师父赵佩茹先生住在丰富胡同里的横胡同奶兹府,街坊!这又多了个聊天的话题。

老人家天天作画,在即将结束疗养的时候,她问我:"喜欢画吗?"我回答:"喜欢啊。"

"我给你画一张?"

"太好了,求之不得呀!我早就有意求您张墨宝,就是不敢张嘴,不好意思啊。"

"哈哈哈哈……"她笑着走进内室,拿出一张画来,边走边说:"我给你画好啦。"

老人家兴致勃勃地讲,谈这张画:"这画叫《荷塘清趣》。荷花,荷叶,上有莲,下有藕,出淤泥而不染呐!画花儿呀,画这叶儿啊,用的手法叫泼墨,这是跟我的老师齐白石先生学的,画上那个蜻蜓是工笔画,是我另一位老师于非闇先生教的。我想,你们说相声跟我们画画,有些道理是一样的。首先得弄明白喽,不能稀里糊涂。"

胡老说到此，我插嘴言道："您说得太对了，我们的老前辈对我们千嘱咐、万嘱咐，千万不能说糊涂相声。"

"对！要连说的都没弄明白，我们听的不就更糊涂了！"

老太太的一句话，把屋里的人全逗乐啦。

"常贵田的父亲在北京吉祥戏院演出的时候，我看过一场，那儿离我家近呐。后来都是听收音机，在话匣子里说的都那么引人入胜，这就是功夫！"

"相声也好，画画也罢，要求的都是'真善美'！这就是艺术相通嘛。怎么才能做到？才能达到效果？这里边就有个想法问题，同时，也就有了个笔头问题了。想的挺好，画不出来，白费！想的天花乱坠，就是演的不到家，也是白费！要平时多练。不同的手法用在不同的地方，才能画出不同的效果。整张是泼墨，画蜻蜓也用泼墨？大笔一挥，画出来的蜻蜓，光是那个头就快成家雀儿啦。只有掌握多种技法，才能够得心应手。我今年76岁了，工笔笔法，首先要眼睛好，没毛病。如果眼睛眼花缭乱了，手也哆里哆嗦了，那笔就指不定杵哪儿去了！"

"好了，不说了，再见！明年再来！"

和胡老的相遇，就这样匆匆结束了。返京后，又在民委的会议上见过两回。我和胡老最后一次相遇是在1993年中央电视台王冼平导演的五一晚会中，胡老是嘉宾，我是主持人之一。

几次见到我时她都跟我说："活到我这岁数，赚了，人呐，就要好好活着，高高兴兴活着。"

2001年，老人家走了，那年她96岁。她送我的那幅画，早已裱好挂起来。我经常看看这幅画，想想老人家讲的话，悟悟其中的道理。

　　1961 年"常氏相声晚会"演出后，记者写了篇报道，发了通稿，全国很多报纸刊登。标题是"相声世家"。这个家不仅为祖国、为人民奉献出独具一格的相声艺术，也为祖国、为人民奉献出亘古一人的烈士艺人。这是别家无法比拟的，这是被誉为"相声世家"的重要原因。当然，这个奉献，代价是沉重的。我爷爷失去了儿子，我妈妈失去了丈夫，我失去了父亲。我想，当时最难过的大概是我爷爷，常家的大树倒了，根基动摇了，他为之奋斗的梦想破灭了。但是我从来没看见过我爷爷为此掉眼泪，这可能就是人们常说的，人在最悲痛的时候，欲哭无泪！过后最难过的是我，我不仅失去了父爱，从艺后更感到身边要有传道、授业、解惑的爸爸该多好。一直难过的当然是我的妈妈——我妈妈在为失去伴侣难过，在为我、弟弟、妹妹的前途着急。

　　生活的环境、氛围既提供了机遇，也有无形的影响。我父亲牺牲的年代，流传着一句响亮的革命口号，那就是"继承先烈的遗志"，这对我、对家里人不无影响。前前后后家里 28 人参了军，13 人说了相声。"爱国敬业"这句话越来越成为我前进的指南。我妈妈也被这条口号影响着。我喜欢说相声，又有现成的学习环境，再加上我上学不努力，学习成绩差，前途无"亮"，顺理成章，还是得继承祖业——说相声。说相声得拜师学艺，跟谁学呢？

拜　师

关于师承问题,很多观众问我:"你们家上辈都说相声,都可以教你,拜哪门子师啊?"不成!不但相声的行规要求拜师,相声的艺术实践更需要拜师。

早年间,拜师的第一大作用是能"走穴"。

"走穴"这个词,现在尽人皆知。原来只是曲艺界特别是相声界的"行话"。行话的出处五花八门,有的行话是行内同人们创造的。比如,演出效果不佳、包袱儿不响,行话叫"尼了",这句话哪儿来的?启明茶社的产物。原来,有一位女生,打扮成出家人小尼姑的样子,经常光顾启明茶社,爱听相声可从来不乐,是"内向"不苟言笑?还是保持出家人的尊严憋着不乐?还是小女孩故作矜持?甭管什么原因,反正她不乐。一来二去,凡是不乐的都喻为尼姑,天长日久成了句行话,包袱儿不响叫作"尼姑",简称"尼了"。一传十,十传百,有的人知其然不知其所以然,传来传去,时至今日,竟把"尼了"误写成"泥了",甚至解释成"崴泥之意",纯属杜撰。有的行话是外来语,比如"安根",意为吃饭,是行话。我到了越南,了解到"吃饭"越南话叫"安根"。这或许是哪位老前辈,学到了这句外来语,在圈内一传俩、俩传仨,传来传去成了圈内尽人皆知的行话。而有些则应纯属巧合,例如,"走"行话叫"翘"。姜昆曾带着一队人出访,到了当地就了解到西班牙语"走"的发音是"翘"。郑健也发现意大利语"走"的读音是"翘"。

65

怪！我曾两赴意大利就没听到意语……翘？

姜昆跟我开玩笑，指着我的鼻子说："你净坐车了，没走路啊！"

我也指着他的鼻子说："走！……不……翘！"

行话就为使外行人听不懂，像"尼了""安根"这样的词，不解释，恐怕您一辈子也弄不明白。当然，也没必要弄明白。"走穴"这个词，要不是随着社会的发展，成了演艺界的一种现象，登上报纸，甚至上了红头文件，广大观众也不会知道这个词，更不用说了解其中的内涵。说实话，这个词也与时俱进了，从小部分人使用的语言成了全民都懂的话。

老演员爱说行话，在旧社会纯属为了保护自己。这以后，习惯成自然了。

新演员爱说行话，是因为刚入行，以此来证明自己"懂"，不是雏儿。

排练场内，一老一少坐在一起，少的（乙）向老的（甲）请教：

乙：先生，这馒头……行话怎么说呀？

甲：……气垒儿。

乙：那面包呢？

甲：……色（shǎi）糖气垒儿。

乙：行话管外国人叫色糖，色糖气垒？ ……外国馒头！

甲：太对了！面包吗，就是外国传来的馒头。

乙：那我再问您，电视行话叫什么？

甲：望箱子。

乙：拉洋片的管洋片不是叫望箱子吗？

甲：这是电视，外国传来的，所以叫……

乙：色糖望箱子。

甲：对喽。

乙：我就知道得是这句嘛。

（逗您一乐，休息片刻，护眼体操，能做就做）。

过去，不管是有名的演员、熟悉认识的前辈，还是初出茅庐的新手，到"穴眼"求职，都要盘谈。根据需要可繁可减，以定夺收留与否。不熟悉的，刚出道的，就要仔细询问。查询内容的重点就是师承关系。师父是谁？什么时间"摆的知"（举行拜师仪式叫"摆知"，摆宴约宾朋，喜事报君知）？还得问有几位师兄弟，师父的师父也就是师爷是谁，师爷有几位徒弟，等等。回答的完全正确，才进行试演，考虑是否留用。就是不留用，也会给求职者一点盘缠钱，请他到别的"穴眼"求职。这就是艺人的义气所在。

没有师承关系的，就不被同行认同，就不被同行信任，就找不到演出场所，就没钱养家糊口。为此，干这行的谁能不拜师，谁能不"摆知"！

随着社会的发展，上边这条作用不存在了。到现在更不用说了，讲的是真才实学。就算你拿着博士后的文凭，是比尔·盖茨的徒弟，没有真本事，该不录用也不录用。当然以"说你行，你就行，不行也行；说不行，就不行，行也不行"为依据的，那就另当别论了。

相声界拜师的习俗延续至今，是为什么呢？最关键的我想是因为众多相声演员都程度不同地懂得艺术实践需要拜师。

我也是如此。

我的亲外祖母，在我妈小的时候就故去了。外祖父后续的外祖母，那是京韵大鼓继刘宝全之后、小彩舞之前的一代名家，曲艺场中的"底"(最后一个)活,名叫林红玉。我父亲牺牲后的两年,她和我姥爷一直住在天津陕西路兴隆南里四号院我的家里。那两年我受益匪浅。她曾给我讲:"做一个好演员,必须投名师、访高友、增阅历、会藏拙。"

名师出高徒的道理很浅显,大家都懂。现在有的学校升学率不高,其中原因之一,就是师资力量薄弱。可要在近期内改变这种现象,还真不容易。

与比自己高的强手切、磋、琢、磨,才能开阔眼界,知己知彼。世界杯足球赛,我们尽管拿不上名次,到那儿去看看、赛赛,也是难得的学习好机会。这就是"访高友"。

阅历就是生活,增阅历就是增加生活的积淀。生活是艺术创作的源泉,用今天大家熟悉的话说就是接地气。

会藏拙,用成语"扬长避短"来解释,最恰当不过。

这四句话我姥姥身体力行。我姥姥得刘宝全先生真传,可谓名师指点。前后又有白云鹏、小黑姑娘、小彩舞、孙书筠等名家可资借鉴、观摩,那真是名副其实的高手如云。从灵隐寺的罗汉到好莱坞的明星,从清宫里的礼仪规矩到市井的蟋蟀咬斗,我姥姥都讲得头头是道,可见生活之丰富。"藏拙"——扬长避短,更是她成名成家的经验总结。接近晚年,她的声音条件不好了,甚至有些沙哑,所以她在韵味上下功夫,在表演上发挥特长。她塑造的人物身儿、神儿,惟妙惟肖。记得20世纪60年代初,天津首办"津门曲荟",通过举办京韵大鼓专场挖掘传统艺术,请林老示范表演,我有幸观摩了她演唱的《桃花庄》。开头一落(术语,一般指段落)中的词句是这样的:

在一路上提包裹挎戒刀他是肩扛着禅杖，

引起了花和尚，

桃花庄酒醉闹洞房，

他是装作美娇娘，

拳打小霸王。

短短的几句，她设计表演出身扛禅杖的鲁智深、装扮成女人的鲁智深、带有三分醉意的鲁智深、拳打脚踢行侠仗义的鲁智深四个不同的造型，形象分明，进得干净、退得利索，随着唱词一气呵成，流畅得很，而且那么美。这大概是从她看的那些罗汉演化出来的吧。现场观众报以热烈的掌声。

我姥姥的艺术见解、艺术实践一直指导着我，时至今日我还在体验、实践这四大"秘笈"。

"投名师"占了从艺之首，足见其重要性。俗话说："师父领进门，修行在个人。"再用功，再努力，没人引领你还是摸不着大门。无师自通不可能，就是私塾，也得有个"塾"的对象。费那么大劲，何不求师，登门请教。前些年尚未成立曲艺学校，全凭口传心授，单独的传道、授业、解惑还是主要的学习途径。

除此之外，拜师的习俗延续至今的另外一条原因，说句文词是"附骥"，说句行话是"借腕"，简而言之就是借师父的名声来壮大自己。

自家人不能收自家人为徒，除了名不正、言不顺这条原因外，我想根本的原因就如同医生那样"医不诊己"。因为关系特殊，看起来容易走眼，管教不能严格，有诸多不便。

相声圈内有不少规矩。比如，不论年龄大小，按惯例，谁先拜师谁为长。但大部分人打破了这条规定。特别是我父亲给后人做出了榜样，他拜师早，成名早，但凡是比他年长的他都敬称为师兄。树以枝叶为源，人以礼貌为先。前辈们做出了好榜样。所以相声界内尊师重教、尊师爱徒的风气强于他行，且有几条不成文的规定，比如徒弟应比师父岁数小，这似乎是循规蹈矩。不过也可以有例外，马三立先生有个徒弟，比师父大一岁。这是当时唯一的个例，谁听了谁都觉得新鲜。

相声圈内还有一条区别于他行的、挺新鲜的规定，那就是可以"代拉师弟"。某人欲拜某名家为师，名家已故去，怎么办？找名家已收的徒弟商量，若同意，名分确定，视为一师之徒。这就叫代拉师弟。侯耀文成为我师父的徒弟，就是李伯祥、高英培和我三人代拉的，为的是了却侯宝林老师的一桩心愿。最初，耀文崇敬我三叔常宝霆，欲拜其为师，侯大爷不同意。后来耀文和我四叔常宝华关系甚密，四叔拟收他为徒，侯大爷还是不同意。再后来，侯大爷传出话来："耀文应该和贵田是师兄弟。"各位读者您想，侯先生发下话来，李伯祥、高英培和我哪敢怠慢，就是我师父健在的话，侯先生提出要求，凭着他们之间的密切关系，我师父也会欣然同意。

我的师父是赵佩茹。

赵佩茹先生生于1914年农历十一月，卒于1973年7月9日，享年59岁。

师父从小学艺，师从焦少海先生，其实更多的是得了少焦爷的父亲——相声"八德"之一的焦德海先生的真传，听的多，见的多，会的多。一登台，就以"小龄童"的艺名名扬津门。师父的父亲赵希贤，和我祖父相识多年，他们一起演出，一位变戏法，一位卖戏法。父一辈子一辈，我父亲出师以后，和我师父搭档。我师父由逗改捧。

当时我父亲15岁，我师父大我父亲8岁。特殊的年龄、特殊的关系、特殊的结合，使他们的艺术潜能在合作中竞相发挥，逐步形成逗中有捧、捧中有逗、捧逗互易的格局。这是常派相声艺术特色的重要内容之一。可以说，在我父亲创立常派相声的过程中，我师父起到了不可估量的作用。

我出生的时候，师父和我父亲住同院儿。他们一同去剧场，一同上电台，一同回家。他们一起去的朝鲜。我父亲牺牲的时候，我师父多处负伤。

我父亲故去后，不管大事小事我妈妈都要和她的老大哥——我的师父，商量商量。我学相声并拜赵大爷（拜师前，一直这样称呼）为师，就是他们商量的结果。

1954年农历八月，在一代相声宗师张寿臣先生的主持下，举行了拜师仪式，和我同时拜赵先生的还有大家熟悉的高英培，再有一位是由商转文的师兄刘洪旺。

相声界拜师有特殊的要求，除了认师外，还要认引、保、代三师。引师是牵线搭桥负责介绍的师父，保师是师徒双方的保证人，代师则是代替师父授业的。此为一说。另一说，相声讲究说、学、逗、唱。在相声表演中就有很多才艺表演，"引、保、代"三师，多有唱单弦的、变戏法的、说评书的。先辈告诉我说：引、保、代的设立，多是借此机会，向各行各业表示尊崇。再有一层意思，是告诉大家，本人唱、打、变、练等功亦是名师传授。拜师要立"门生帖"，其实就是文书字据。通常上写："师道大矣哉，入门授业投一技所能，乃系温饿养家之策，历代相传，礼节隆重。今有某某（师赐艺名某某）情愿拜于某某门下，受业学说相声，三年期满，谢师效力一年。课艺期间，收入归师，吃穿由师供给。四路生理，天灾人祸，车轧马踏，投河觅井，悬梁自尽，各听天命，与师无涉。自后虽分师徒，亦同父子。对于师门，当知恭敬。身受教诲，没齿难忘。情出本心，绝无反悔。空口无凭，谨据此字，以昭郑重。"下面即是艺徒签字画押，引、保、代三师签字画押。拜师仪式，钱富余的，在饭庄定下几桌酒席，手头紧的，哪怕找个小馆儿吃碗面，也要举行这个仪式，就为告诉同人和观众：我是谁谁谁的徒弟啦！可以说新中国成立前这是行规，新中国成立后随着社会的发展，虽有规矩，也时有破除的事例，我和英培师兄一起拜师时，就没有引、保、代。而且张寿臣先生在即席讲话中，还专门讲了这个问题："英培跟了佩茹几年了。这个（指我）更不用说，连安的孙子，当然，也是我的孙子，佩茹看着他长起来的。甭说他，他妈都是佩茹看着长起来的。这样的拜师，我在这看着，大家都在这儿看着，要什么引见？要什么保人？"不但形式简化了，连在永元德举行拜师仪式后，那顿饭钱听说都是张师爷给的。按"规矩"绝对不能这样做。我清楚地记得，那顿饭最后的主食是小碗羊肉末儿炸酱面。那是我第一次品尝羊肉炸酱。

很多艺术家都把拜师的程序简化了——侯宝林先生收师胜杰，没有引、保、代；常宝华先生收牛群，没有引、保、代；马季先生收姜昆、王谦祥、冯巩，都没有引、保、代。

随着新中国的成立，旧俗简化了，取消了。这是时代的进步，这是相声界的进步！可是到了今天，有人偏偏提出来——收徒，必设"引、保、代"。我思前想后，不得其解，此举是继承传统？是繁文缛节？还是沉渣泛起？我也几次受邀充当三师中的一师，我错了。今后，当婉言谢绝。三师的职责可担当，三师的设立可免除。除此之外，我觉得，礼仪尚需从简，现在拜师要行大礼——徒弟给师父磕头。我想，徒弟给师父行个礼鞠个躬是应该的，是必须的。何必磕头？也不知道谁规定的,还必须磕头! 有的媒体对此也津津乐道,提倡拜师磕头。试想我收徒,我穿件挂着少将军衔的军装,往上一坐,几位徒弟或校官服或尉官服,趴地上一磕头……此情此景,您不觉得不合时宜吗? 不觉得可乐吗? 乐完了,您还得发出疑问,说一句:"这帮人,有病吧!? "

我常贵田收徒授业,究竟是如何举办仪式的呢? 以在山东省收徒为实例,请看山东记者的综合报道节录:

从这个月(2011年6月)初开始,以泉水而闻名天下的山东省城济南市,爆出了一条大新闻:常氏相声的代表人物常贵田将军,在济南首开山门,收了两名弟子,一个是朱海堂另一个是张勇(芝麻)。其实,徒弟拜师父是件平常事,不会在社会上引起很大轰动,在济南却不然,此事成了近期广大市民街谈巷议的重要话题。道理很简单,因为济南有着"曲山艺海"之美誉,"北京学艺,天津练活,济南踢门槛"已在全国曲艺界流传甚久,济南人爱相声、懂相声也是众所周知的不争事实。加之朱、张二人是济南观众的大熟人,最近又活跃在电视屏幕,大大增多了粉丝的青睐,名师高徒,非同小可。

6月6日适逢端午节,常将军及夫人如期而至,当山东省济南市两位曲协主席及文艺界有关人士见到他时,虽说常先生已是69岁高龄,却是身板硬朗、精神焕发、满面红光,让迎接他的人们甚是高兴。紧接着,山东省委宣传部和济南市的有关领导也对常将军的到来表示欢迎,对他在济南收徒,为振兴山东省、济南市的曲艺事业所做出的重大贡献表示衷心的感谢。

6月7日上午,常贵田将军收徒仪式在济南美得乐大酒店隆重举行，从上午9时开始，与会宾客陆续签到入场，仪式还没开始，大厅内早已座无虚席，有关单位送来的祝贺花篮，把通往大厅的走廊摆放得满满当当，贵宾中除了有关领导外更多的是省市曲艺界、艺术界的名家大腕。有大家所熟知的相声演员"糖葫芦"唐爱国，全国八大评书表演艺术家之一的刘延广，还有电视剧《西游记》中唐僧的扮演者徐少华、中国书协理事著名书法家张百行以及书法家张国英等……

收徒仪式由已故相声大师马季先生的爱徒，济南电视台《有么说么》的主持人"阿庆哥"张庆担当，整个仪式的进行均按照常贵田将军"老事新办"的原则进行，取消了"引师、保师、代师"和给师父行大礼的程序，既庄严隆重又符合当今社会尊师爱徒的礼节。当主持人介绍"常派相声"时，从常连安、常宝堃、常宝华说到常贵田，特别是说到"小蘑菇"常宝堃牺牲在抗美援朝前线时全场掌声经久不息，表示出大家对相声界老前辈和革命先烈的敬意和缅怀之情。

老师常贵田在发言中极富情感，他首先感谢泉城的父老乡亲对他的厚爱和对相声事业的大力支持。当他提到自己的两位徒弟时两眼流露出高兴和十分满意的神态，他说："朱海堂16岁进入济南曲艺团，我也是16岁加入的海政文工团，朱海堂天生有副好嗓子，又善于表演，一直是济南曲艺团的主要演员。他已经是国家一级演员，可非要拜我为师，他这种学无止境、追求进步、不断完善自己艺术水平的态度，让我很感动……"说到此处掌声响起。看朱海堂的双眼也早已满含泪水了。

说到张勇时，常先生也是异常兴奋，他说："我这个徒弟是前卫文工团快板书演员，也是山东电视台的主持人，叫'芝麻'，年轻、聪明、好学，他和朱海堂一样，曲艺方面的基本功很扎实，今后定能学有所成。"

在拜师仪式上，著名书画艺术家向常先生赠送作品表示祝贺，画的桃子和荔枝寓意着常先生桃李满天下，画的竹子赞颂了常将军的高风亮节。两位徒弟向师父、师母以及全体贵宾表示要诚心求教、勤奋练功，争取为常派相声艺术的继承和发展做出贡献。

当天晚上7时30分，在济南大明湖畔的明湖居剧场，以师徒三人为主，为泉城观众奉献了一场精彩的曲艺专场演出。张勇的快板书《三打白骨精》让大家过足了曲艺瘾，虽然段子中的人物众多，他却把每个人物都刻画得活灵活现，十分到位，手、眼、身、法、步均表现得非常精彩，场内观众掌声不断。

朱海堂与李洋合说的相声《欢歌笑语》以"柳活"见长，朱海堂利用自身金嗓子的优势，每个唱段都模仿得惟妙惟肖、形神兼备，他那高亢宽厚的歌喉声震全场，艺压四座，观众们笑得前仰后合。他与搭档袁刚合说的传统相声《夸住宅》则以"贯口"见长，他在表演中咬字清楚，句句入扣，气口顺畅，犹如珠落玉盘一般，加上他那夸张的手势及幽默的形体动作，让大家分享了传统段子的独特艺术魅力，也显示出了朱海堂三十余年的坚实基本功，实为难能可贵。

当然，最让大家期待的还是压轴"攒底"的常贵田与徒弟张勇合说的相声。常先生那特有的语言声调及幽默诙谐的表演，将一个个笑料包袱炸响，使全场观众忍俊不禁，更让常氏相声的艺术之花，在泉城的曲艺舞台上艳丽绽放，开花结果。

我如此这般的做法,读者您有何见地?

2016年下半年始,借文代会的东风,拜师仪式有所变化了,简单了、新颖了、现代化了。如孙福海收徒就是通过互联网进行的。李金斗代其师赵振铎先生收徒取消了引、保、代,以见证人替之。他自己收徒也是照此办理的,受到圈内不少人士的赞许。我身负中国曲协相声艺术委员会主任一职,坚决支持这一行动!

老一辈的艺术家随着社会的发展,在师父收徒弟这个问题上,有过不少改进。以我父亲收苏文茂为例,就首次打破自相声传承以来所遵循的"师徒合同"中的一些规定。原天津市文联党组书记孙福海先生在他的《逗你没商量》一书中,这样写道:

> 苏文茂是在1943年拜师常宝堃的,契约要订,但常宝堃毅然决然地要对老祖宗留下的师徒契约进行改革。他果断地提出,旧契约中的"生死患病,投河觅井,打死勿论"一类的词语,绝不能写进合同。之前,几乎所有的合同都有这样的词语。常宝堃却不让写进这些,他是不是"违规"了?虽是"违规",却是进步,是相声艺人的觉悟表现。

文茂师兄14岁进我家门,那时我 岁。我父亲视徒如子,不让苏文茂在家中做家务,要求他多到剧场看别人的表演。我虽岁小,但我也积极配合我父亲的规定。啊?怎么配合?只要苏兄干家务一抱我,我就大声哭叫,用哭声给他告状。我懂吗?一岁的我懂什么呀!那怎么会又哭又闹?只要苏文茂一抱我,我准连哭带叫!为什么?是看见他那个瘪嘴……我害怕!这是我参加京津两地部分相声演员在 2005 年举办的"苏文茂从艺六十周年"演出活动时,在台上使的一个"现挂"。这个"包袱儿"后来在天津电视台又用了一次,让观众更多地了解了相声和相声演员,效果和反应俱佳。

我父亲给文茂定下规矩,但又怕苏文茂在自己家吃饭时间没保证,所以每天给他两元钱,让他在外边吃饱亦求尽量吃好。苏文茂演出有了收入以后,按行规,徒弟学艺期间,其收入归师父。而苏文茂在学艺期间的演出收入,我父亲让他自己支配,在这方面我父亲对他的要求尺度很宽松。但有一件事,我父亲对苏文茂管教非常严格,即禁止苏文茂打牌。

我父亲知道我师兄从小打牌上瘾,所以一收他,就给他"约法三章"。第一条,不准参加以输赢为目的的牌局,可以戏赌。比如家里打牌,缺把手,文茂可上场冲杀一阵。我父亲说得好:"家里人玩儿牌打麻将,让他在那儿看着,他受得了吗? 他手痒痒啊。他跑出去找打牌的地方,再学了坏,更麻烦了。"第二条,不准跟不认识的人打牌。第三条,不准跟辈分比文茂高可岁数比文茂小的家里人打牌。我父亲说到这儿,文茂说了一句话,连我父亲都乐啦:"师父,光这第三条儿,就限制住十几位牌手啊!"

偶尔,我父亲也站在牌桌后边,看看歪脖胡。有一次,正站在文茂师兄背后,文茂紧张,不知道打哪张好了。刚拿起一张,我父亲在后边咳嗽了一声,文茂明白这是提醒他呢,赶紧换了一张,拿起来,还没打出来,"咳",我父亲又咳嗽一声。等文茂拿起第三张,没等他说话,我妈妈和我二姑全站起来了,不容他们张嘴,我父亲搭茬了:"我得找点儿咳嗽药吃啦!"妈妈和姑姑边乐边说:"这什么师父啊!"出门要走的我父亲,听见这句话,又回来了,对着文茂说:"这就是节骨眼儿!"我父亲在生活中不忘授艺,更让晚辈充分理解艺术来源于生活。

苏文茂不忘自己的恩师，也孝顺自己的师娘。我妈妈87岁离开我们。70岁后的春节假日，特别是我妈过生日，苏兄大多都要进京探视，我多次劝阻，他执意不肯。上段写的这一趣事，就是我老娘和苏师兄在后来的牌桌上对往事的点滴回顾。

白驹过隙，岁月如梭，几十年过去了。有一次，苏文茂到美国探亲，看望他的女儿，所到之处受语言限制，难以交流。屋内室外，走来走去，自言自语："我打了一辈子牌，愣没进过赌场，我师父约法三章不让我以输赢为目的打牌，所以到现在都不知道赌场什么样。"说者有意，听者也有心呐。他闺女马上说：

"哎，老爷子，您别念三音啦，我现在就送您去赌场。"

"现在？这么晚啦……"

"一点儿不晚，正合适。"

"啊？"

苏先生不了解美国人的作息时间，更不了解美国赌场的营销策略。美国人经常光顾赌场的大多是老人，一来到赌场消磨时光，二来挣点儿小钱增加零用。就算牌运不佳，手气太差，玩儿到半夜不玩儿了……回家……坐车……走人！也不用再买车票，来时的车票是往返的。而且来时若是按指定时间进场的，来后还可以免费领取自助餐一份。更有甚者，除以上优惠待遇外，每人还另发二十余元，做基本赌资，鼓励下注。

以上，我介绍给大家的，是1983年随中央人民广播电台组建的中国广播说唱团赴美访问演出时长的知识。由于曲艺是首次赴美，又是侯宝林老师领衔，美方特别安排，并报经中国驻美使馆批准，去了一趟大西洋赌城，对赌城有所了解了。

苏文茂去美国探亲，其间，女儿陪同到了赌城。什么老虎机、轮盘赌、压大小、21点、百家乐、佛尔号司……花样繁多，琳琅满目。可是苏先生连看都不看，直奔门上标示写着"牌九"的那间屋。"推牌九"是咱们中国传统的游戏方法，"牌九"是赌钱的器具。文茂师兄技法如何？有句老话说得好：没有金刚钻儿，不敢揽瓷器活儿。苏兄连去几天拉斯维加斯，空手进去，提拉个整包儿出来。那几天，他在赌场引起了不小的轰动！

"看见没有？大陆来的，白头发，白胡子老头儿，仙风道骨，坐下就赢钱。"

"赌圣，赌仙，赌神，这就是神人。"

"我怎么看他长得有点像说相声的苏文茂？"

"嗯？说相声的演员当中，也是真有能人！"

苏兄回到天津，没过多久，收到一封美国赌场老板亲笔签名的烫金请柬，约请苏兄再次赴美，再次到赌场示范表演。表演，不是说相声，而是"推牌九"！往返旅费、食宿全由赌场负责。嘿！还真拿他当赌神了！

苏文茂拿到这封请柬之后，哈哈大笑。说："看见了吗？这就是钱！徒弟就得听师父的话，我师父不让我赢中国人的钱，我专门赢外国人的钱！"嘿！他还拽上啦！这些话，是一次在津开会时，我和文茂师兄、胜杰师弟利用晚间休息时间聊天时，苏兄说给我们的。

苏文茂跟随师父学了三年，按老话儿说出师了，按新话儿说就是毕业了。为了实习、实践方便，我父亲把他送到北京启明茶社我爷爷身边。近朱者赤，两年当中，苏兄在名流大家的指导之下，技艺大涨。在师父带徒弟方面，前辈大胆革新、锐意进取的精神，我父亲做出了榜样，永远是我们学习的楷模。

徒弟亦分拜门、授业两种。前者系带艺投师,拜师只是为了入门户;后者是启蒙学艺,即"入室弟子",大多数从幼年学艺,受到较系统的传授。历史记载虽如此,其实在实际生活中,两者分得并不严格,现在更不较真儿了。不论哪种,均按师父的意愿、师父的规定排字。我的师兄弟按"英"字排列,我叫"英田"。高兄也从高伯棠改为高英培。这是因为我师父的两位女儿,也就是我的两个姐姐,一个叫英琦、一个叫英璇的缘故。

在社会上、甚至圈内都流传着一种说法:"常宝堃、侯宝林,还有刘宝瑞,都是'宝'字辈儿的。"这是以讹传讹。常宝堃师从张寿臣,张先生的徒弟按"立"字排列,我父亲叫"立桐"。刘先生也是张先生的弟子,叫立棠。张先生给他的徒弟起的名字很有特点,中间皆是"立"字,名字最后一个字都含个"木"字,立桐、立棠、立本、立樟、立权、立株、立禾等等。是张先生望木成林还是张老"五行缺木"? 呵呵! 这纯属我瞎猜。但足可见张先生之学识。朱阔泉先生的弟子侯宝林、李宝麒、王宝童三位先生,那倒是按"宝"字排的一师之徒,只此三人。另有相声艺人陶湘九先生的徒弟以宝字排。如今,相声演员越来越多,本人知之甚微,难免挂一漏万。常、侯、刘的名字中间的字都是"宝",用今天流行的字眼说——纯属巧合! 在过去的岁月里,是否有的人看到带"宝"字的相声演员走红的多,故把自己姓名的三个字,中间一个字换成"宝"字,倒是可能发生的事儿,可以说那是前辈艺人"良苦用心"。总之,我要在这里告诉各位的是:相声界没有全体总排字儿的"排行榜"。

关于"徒弟",我和侯宝林老师开过一个玩笑。

那是 1983 年的事儿。天津曲艺团来北京演出,京、津两地观摩交流,曲坛老将借机收徒,真是好事成双。事过之后,在首都剧场二楼会议室召开的一次座谈会上，我的师兄苏文茂发表个意见，大意是希望上了年纪、辈儿大的老先生不要再收年龄很小的徒弟了，不然，等于给辈儿小但岁数大的人，如苏文茂等等，找了个小叔小姑。意见谈完，大家哈哈大笑，掌声四起。在掌声中侯大爷站起来发言，从历史，从现状，从礼仪，从规矩，从继承，从改革……从方方面面阐述自己的意见，完全支持苏文茂的看法。会后，我搀扶着侯大爷下楼，边走边谈。

"侯大爷，您讲得太好了。"

"是吗？小子，同意吧？"

"太同意了，榜样的力量是无穷的。"

"当然了。"

"那您收××是怎么回事儿？"

"嘿，在这儿等着我呐！"

××是位很年轻的相声演员，当时盛传侯老要收他为徒。果真如此的话，侯老那不是言行不一了吗？

"好小子，侯大爷喜欢你，就因为你聪明得是地方，你想的问题别人想不到。把这些问题集中到一块儿，就是大知识啊。问得好。××是学生，不是徒弟。"

"学生和徒弟有区别吗"？

"当然有啊，不摆知，不举行仪式，只是辅导辅导的，那就是学生。"

侯老的一句话让我顿开茅塞！侯老不食其言，不但这么说了，一辈子都这么做了，直到侯老的追悼会上，弟子们的队列分得都很清楚，以马季师兄为首的一排是徒弟，站在另外一排的都是学生。学生中不乏观众熟悉的演员，可徒弟当中也有观众叫不出名的不被大家认知的师兄弟。

关于徒弟，蔡明和我们众多相声演员开了一个玩笑。

中央电视台录制一台综合晚会。相声演员和小品演员坐在一起等候演出。有的对词，有的谈事，有的聊天……忽然蔡明提高了嗓门说："我们小品演员真得好好跟相声演员学习。"她突如其来冒出的这么一句，让在座的鸦雀无声。"就拿我来说吧，当年演的《牛记包子铺》，那就是常哥（指我）、石哥（指石富宽）一句一句给我说的。我得拜师，我想拜师，拜个相声演员做老师。"她这么一说，在座的相声演员喜出望外，耀文、富宽、金斗……就连小辈的王平、刘惠都跃跃欲试，急切地问："拜我？""拜我？"蔡明站起来，摆了摆手说："我要拜就拜……"这时候，众多相声演员就跟给蔡明一个人捧哏似的问："谁？"蔡明顿了顿，不慌不忙地说："我拜马三立。"到这时候，我们相声演员才明白过来，她这是开玩笑，想占大辈儿。不约而同冲着蔡明异口同声"呸"！

学　徒

12 岁起，我边上学边学相声。我家住天津陕西路兴隆南里四号，师父家在山西路汉益里七号。两条马路紧靠着。

我小时候有个缺点：自以为是，不懂装懂，甚至知道错了不但不承认错误还要狡辩。一天和师父闲聊，说起文化部有个人叫张梦庚，我把庚读成"辛"字音，当时戊己庚辛我分不清楚。师父说："错了吧？是张梦庚吧。"我狡辩说："有张梦庚，还有个张梦辛。"师父笑了笑，摇了摇头，欲言又止，只是用手指点了点我，没说半句话。但从他的眼神中看得出是否定、是批评、是指责。这无言的批评比说我几句还厉害。长大了，懂得了知识来不得半点虚假这一道理，在面对不懂的问题的时候，我脑子里便闪现出我师父指点我的形象，我会坦诚地说："我不懂。"人非圣贤，孰能无过，而且知识的积累过程就是从不懂到懂的过程，说不懂并不丢人。1987 年我第二次去美国演出，在闲谈中我把"联袂演出"念成"联未演出"，侯宝林先生的徒弟、美籍华人吴兆南师兄当着众人立即指出念错了，我站起来向他深深鞠了一躬，说了声："谢谢您的指点。"事后，吴兄拉着我的手说："我冒昧了，大庭广众之下，我还怕你接受不了、挂不住呢。"我当即向他讲述了我儿时误读"庚、辛"的轶事，吴兄听后点头称赞："名师就是名师，传道也。"师父教了我做人的道理。

师父给我们传授、说活，多是两三个徒弟一起上课以期互相观摩学习，儿时哪里通晓这些道理。有一次，师兄弟排练，因为我已经排过了，就没注意听。师父立即停止了排练，对我说："贵子，这不行。这点儿你得学你爸爸，你爸爸成角啦，那么红，还经常到地上听活去，为什么？就为取长补短。地上哪位说得过你爸爸？可哪位都有自己的长处，采众家之长来丰富自己，这是你爸爸成功的诀窍。地上的活到你爸爸嘴里就变了。先得学会听才能学会说，你连好坏都分不出来呢，自己哪会按好的说？我给你们师兄弟一起说活，就为让你们切磋琢磨。"从那以后我再不敢懈怠。师父看到我们有一丝进步，都非常高兴，因势利导，趁热打铁，不拘泥于"熏、过、溜"这一上活的固定程序，跳跃式前进。

特别高兴师父带我们到相声场子听相声。一次，我听了一位说得实在不怎么样，可当这位演员问师父："赵老师，您听我使得怎么样？您给说说。"师父却说："不错不错，没什么可说的。"我听了很诧异。离开相声场子，我急切地向师父请教，"师父，刚才那段我都听出毛病来了，您怎么说没什么可说的呢？"师父的回答，让我们几个师兄弟大吃一惊："我怎么说呀？从哪儿说呀？他满不对呀！"写到这儿，我倒想起另外一位艺术大师的趣闻，和我师父这事异曲同工。这位就是京剧艺术家袁世海。有一位年轻人连唱带做给袁先生演唱了一个片段，请先生指点，袁先生不紧不慢，微睁双眼，口中念念有词："不赖……不赖……"小伙子听罢洋洋得意。突然，袁先生虎目圆睁，提高了嗓门儿："不赖……你！赖教你的那个人，满不对呀！"您瞧，敢情老先生都有这脾气！表面看来这脾气有点怪，甚至让人难以接受，仔细想想，这话可一针见血，命中要害，给年轻人指出了方向，若是这两个人悟出这个道理，两位恩师在指导青年成长中可起了举足轻重的关键作用。用最时髦的词汇"拐点"来说，这两个年轻人在拐点处是恩师指点了迷津。赵先生的轶事我亲身经历，袁先生的轶事是我主持北京电视台《同乐园》栏目时听戏曲界的朋友讲的。

1956 年秋,我从天津搬到了北京,跟着师父一字一句学习的生活不得不结束了。两年左右的时间,师父传授给我的相声有《报菜名》《八扇屏》《铃铛谱》《灯谜》《五红图》《对春联》《相面》等,为我尔后的毕生事业,打下了深厚的基础。

师父在北京有处房子,房子坐落在东城灯市西口老名"奶兹府"的胡同里,离东安市场很近,所以有时到北京来,总要带我到那里去转转。有一次,带我吃爆肚儿,他从肚仁儿讲到肚领、散单,从火候讲到作料,又讲到北京的、天桥的、门框胡同的"爆肚石""爆肚冯""爆肚满"……虽然讲的只是吃,但吃得讲究、吃得懂行、吃得有文化。这给我以后养成处处留心、时时在意,不断从生活中汲取营养、增加知识、拓展阅历的习惯以很大的影响。

俗话说:"师父领进门,修行在个人。"甭管个人怎么能修行,也要靠老师领你进门。今天,我都成老师了,决不能上愧对师父,下误人子弟。

1962 年,我已经到海政文工团工作几年了。为了学习传统相声《大保镖》,给师父写了封信,没想到,老人家亲笔一个字一个字地笔录了一个本子,给我寄来了。收到之时,我激动得眼泪都下来了。我至今收藏着这个文稿,它是珍贵的文物,它是师父和父亲亲如兄弟的写照。它浸透着师父的心血,它饱含着老一辈对我们新一代的无限希望。

同辈人,三人行必有我师。长辈人,一字便为师。在我们曲艺队伍当中,一直传承着这样或类似这样的训导。老师们身体力行,时时刻刻给我们做出榜样;学生们奋斗努力,分分秒秒致力于说学逗唱。

　　为欢庆 1963 年"五一"劳动节，海政歌舞团在天安门东侧的太庙，当时改名叫劳动人民文化宫，演出两场歌舞节目。其中有我们的相声《怎样学雷锋》。演出过后，隔天返回天津。那时，我们曲艺杂技队已经临时搬家到天津四平道。在由京返津的火车上，正巧碰上一位前边所说那样的前辈人王长友。谁是王长友？我告诉您：相声演员中有个李金斗您知道吧？他的老师是赵振铎，师父的师父就是王长友先生。这么说吧：赵、李二人的能耐是王先生教出来的。王长友先生一直是北京曲艺团的主要演员。众所周知，我的师父赵佩茹先生是相声第五代的"门长""领头人"、大师兄。有一次京、津两地相声演员交流，赵先生介绍说："长友，相声界北京片的负责人，就如同掌门人，'门长'。"席中响起热烈掌声。新中国成立后，这种称呼早已不用，当时也无意恢复，只不过是介绍给诸位，让大家了解一下王长友。王长友先生的威望和德能，在圈内众人皆知，且服。而且王先生待人热诚，乐于帮助他人。我四叔常宝华就几次提起他在启明茶社时，向王先生求教学活的事例。可笑的是学过之后，王先生必定索要"劳务"，我四叔也必定答谢这位兄长，不给钱，从茶社旁边的小饭铺买个熘肝尖或是烩腰花、煎大肠……送上。哎，怎么都是下水呀？那个年代这个东西比肉便宜！王先生是来者不拒，端过来，找个没人的地方，哥儿俩蹲下一块吃！

　　在那次交流会上，我有幸观摩了王长友、白全福二老合说的相声《斜人博》。这是一段带色的相声，新中国成立后就无人说了，我是头一次听。王、白二人不用对活，上来就使，启明茶社那些功底显现无遗。

　　为了和王先生聊天，我和乘客换了个座位，落座之后，王大爷问起我最近在忙什么。"学活！"我就说起我师父寄本子的事，"啊？

你师父戳朵！"这也是行话，戳朵就是写字。"啊！""一个字一个字……你师父真够疼你的。要不怎么说你师父是大家呐，师父真教，徒弟真学，共同努力，照此下去，你们这一代，能出来几个不错的。"先生的希冀尽在言谈话语之中。我正要说几句，王先生突然把话锋一转，问我："知道《大保镖》几个底吗？""底"是术语，指每段相声的结尾，既是情节高潮也是设置的最后一个包袱。王先生话一出口，我知道我今天要长能耐了。我说请您赐教。王先生连说带使，边讲边示范，示范表演和动作。

这第一个……斗大的脑袋在地下滴溜溜乱滚……我把牛宰了！

第二个……看不见北大关的桥了……我掉河里啦！

第三个……贼要是有瘾，一闻就得趴下！

第四个……头年五月节，这贼赊了我师傅一百个粽子，到现在还没给钱呐！

第五个……猴子进冰窖——满凉！

五个结尾，按照王大爷说的，我溜了一遍，他又把我不对的尺寸做了纠正。我发现，事实也验证了，凡是称得起"老先生"的师长，教导学生都特别认真！这一传承，我们这一辈千万别丢。他还特别告诉我，第五个底，只有你爸爸这样使。

下车了，我和王大爷握手告别，拉着他的手我说了句："这儿没卖熘肝尖儿的吧？"

他拉着我的手，半天没松开，说了句："你是晚辈，不收学费！"

我们爷儿俩的眼圈儿都红了。

军　缘

　　我是 1942 年生人，属马。偶然翻历书，上面写着壬午的马是"军中之马"。我 1954 年第一次到部队慰问演出，1958 年参军到了部队，现在还在部队。从出槽的马驹到伏枥的老骥，就没离开过军队，是巧合？是天意？甭管是什么，终归是人生的脚步，生活的轨迹，我的历史。

　　1954 年初，国家组织了全国慰问团慰问解放军。我作为烈士子弟，以少先队员的身份，成了慰问团的成员。我们是天津分团，由王光英先生领导。王即是刘少奇夫人的胞兄，他当时任分团团长还是副团长，今天已记不清了。别看他的职务我没记清，他有件东西却让我记忆犹新，因为当时给 12 岁的我留下的印象太深了。什么东西呢？

　　我们慰问的是天津至河北沧州一线的部队。慰问团配属的文艺演出队伍是天津有名的评剧艺术家鲜灵霞和由她领衔的评剧团，因为鲜团长知道我父亲是谁，她让我叫她鲜姑。鲜姑和王鸿瑞合作，演出的剧目有《张羽煮海》《井台会》等。大戏在有条件的礼堂演出，在多数地方演的是折子戏。每晚演出前，都要进行一套慰问仪式：介绍慰问团成员、介绍部队领导、慰问团领导宣读慰问信、部队代表表决心、少年先锋队员向部队功臣模范敬献红领巾……最后是全体人员一起看戏。当时部队驻地条件很差，领导机关在市边儿上，连队大都在农村。演出结束后回连队的路上很黑，最需要的是手电筒。王光英先生拿着一个别致的电筒,不用电池,只要用手一握一握的,就可以亮。后来我懂了,原来那是个小发电机,跟自行车上的"电滚"一样。握的是可上下活动的柄,柄上的齿代动了筒里的轮儿,使小发电机的"转子"转起来,发出了电。虽然那时我已上了初中,学了物理,但没见过这件东西,总觉得很新鲜。不单我,几个同学都觉得好玩儿,抢着给王先生"发电"。"文革"过后,偶然机会遇到王光英先生的女儿,我问她这个电筒还保存着吗? 她笑了笑说:"当时还不如给你呢,也许能保存下来。"

我至今保留着第一次接触战士时战士送我的纪念品,那是部队颁发给优秀战士的奖品——军事学习本。封面上印有"中国人民解放军河北省公安第七团"的字样。这位战士还给我写了"赠言":

亲爱的慰问团常桂(不知我是富贵的贵)田同志:

我在一九五三年军事练兵中上级奖给我的学习本。这次同志代表毛主席和全国少年先锋队来慰问我们,特赠与同志。努力提高文化水平,加紧政治学习,锻炼坚强体格,做一个光荣的少年先锋队员并做一个国家经济建设有力的后备军。

中国人民解放军河北省公安第七团二连赵运起赠

一九五四年二月十六日

目前,中国相声博物馆正在策划重新筹建中,中国曲协主席姜昆提议,我任博物馆馆长。我想,我留存的这个本子,届时应该能成为该馆的展品。

从那时起,我就和部队结下不解之缘。

那次慰问解放军时我接触的是地方部队。谁能想到,就在我入伍海军之前,还曾以学生的身份与海军、特别是与海政文工团有过短暂接触。现在想起来,我都纳闷儿,怎么我和部队这么有缘分?人们常说"人的命天注定",这未免有些宿命的味道,但有些事就是这么巧。

1958年暑假,北京市教育部门组织部分中学生,在部队的协同支持下,搞了一次军事夏令营。当时我在北京二十一中学读书,可能是看中我有点文艺特长吧,学校推荐我参加这次活动。营员自带背包,说准确点儿,是行李卷。出发那天行李卷坐车,人走着。军事夏令营吗,必须要行军一段,然后再坐车直奔天津塘沽。塘沽港口码头上停靠着海军的一艘舰,互相不认识的学友们,欣喜若狂地上军舰。我没有调查,主观臆断这些同学都跟我一样是第一次登上军舰。谁会想到从那儿以后我这一辈子就净和舰艇打交道了。海军的舰艇——不管是能周游世界的驱逐舰、专防水下之敌的猎潜舰、最新装备的护卫舰、能布能除的扫雷舰,还是近海航行的高速炮艇、已经淘汰的鱼雷快艇,再加上水下航行的潜水艇,甭管动力是"核"的还是常规的,以及大大小小的油船、水船、送粮的、送菜的、送被装的等等说不清送什么的辅助舰船,我都光顾过。舰上狭窄的吊床我睡过,舰上光滑的甲板上我演出过,舰上单调的舰灶我吃过,舰上分配的用水我用过。舰上航海部门的舵轮我操作过,舰上枪炮部门的炮衣我叠过,舰上轮机部门的主机我擦过,舰上帆缆部门的缆绳我抛过……出过海、训过练、打过靶、参过战,当然也晕过、吐过。做个海军战士就要爱舰、爱岛、爱海洋。我说的相声《我爱大海》《说海》,倾注了我对大海的爱恋,倾诉了海军战士的"三爱"情怀。唯一遗憾的就是还没在航母上为战士演出过就退下来了。我一定积极创造条件,登上航母,完成夙愿。

我们军事夏令营的目的地是"内长山岛"，这是约定俗成的叫法。正规的名称应该是"庙岛群岛"，地图、海图都如此标识。位于山东省蓬莱市以北的海面上。因为群岛中有"北长山岛"和"南长山岛"，渔民就管这里叫"长山岛"。可辽宁省大连西北又有以"大长山岛""小长山岛"为主的"长山群岛"，为了有所区别，就把辽宁省的加了个"外"字。也就是说山东省的叫"内长山岛"，辽宁省的叫"外长山岛"。渔民这么称呼，老百姓这么叫法，当年驻守在这里的海军也这么叫。后来"内长山岛"海军撤防，交给了陆军老大哥，"外长山岛"也只留下"海洋"等几个远岛由海军驻守。内、外长山的叫法也事过境迁了。到现在，像我这样内长山九个岛、外长山五个岛，共十四个岛，各上去五次的非驻岛人员已是寥寥无几了。军事夏令营去的是内长山的南长山岛，即现在长岛县所在地。那时海政文工团歌剧队的队员们从青岛到了内长山，先演出后下放。男的下放到连队，女的下放到农村。为了欢迎青年学生，又把他们抽调回来，以驻岛部队的名义，做了演出。他们在台上演，我在台下看。没想到，过了没有三个月，我就成了他们中间的一员，并肩战斗了几十年。当我写这本书的时候，我算了算、数了数，当年欢迎学生参加演出的人，尚在海军的只有三个人了，而且都退休了。看过电影《红珊瑚》的读者，会对这三个人有印象，一个是珊妹的扮演者蒋晓军，一个是老更夫的扮演者崔长春，另外一位是七奶奶的扮演者张燕影，她就是流行歌手景岗山的妈妈。

海政文工团团员的子弟现在有几位明星，景岗山是一位。汪峰的爸爸是我们团的乐手。电影演员胡军，他是歌曲《我爱这蓝色的海洋》的作者和演唱者胡宝善的儿子。大海后浪推前浪，一浪更比一浪强。老的也罢新的也罢，退休的、调机关的、转业的、复员的，现在又增加了一种自主择业的。总之，从我到文工团那天起，从没消停过。

部队流动性大，我1958年去野营，当时驻岛部队的最高领导是胡政大校，我10月参军入伍，1961年再去内长山，他任政委了，过了两年再去，他已经脱了军装到地方工作了。真是铁打的营盘流水的兵啊！

兵似流水，我倒真有点儿例外，五十年没动地方，一直在海军，还一直在文工团。我入伍时，文工团有三团一队：歌舞团、话剧团、歌剧团、曲艺杂技队。多年来几经整编，这些个团队我都待过，反正在哪个团队，都是说相声。光是在曲艺队就三起三落。2008年我66岁的时候办理了退休手续，尔后断断续续工作，为战友送欢乐。因为2003年，我已被授予文职三级，等同少将待遇，退休了不动地方就进入海军退休所，关系还在文工团，还是没离开海军。都说流水的兵、流水的兵，我这个兵而且是个"水兵"，却一直没"流"，大概是"冻"住了。

我是怎么到了海政文工团的呢？

入　伍

据文工团老团长胡士平介绍：1949 年 4 月，以张爱萍为司令员的华东海军创立，同年 5 月张司令到了苏州，在欢迎会上巧遇原"满洲国"宫内府乐队，张司令员抓住时机，招贤纳士。他亲自向乐队成员宣传刚刚组建的海军，问乐队全体成员，愿意不愿意加入海军？就这样，他们集体入伍。同年 8 月在上海，以这支乐队为主体，成立了华东海军文工团。尔后，在华东海军的基础上，创立了中国人民解放军海军部队。海军文工团在 1951 年也随之成立。当时，文工团四位领导是希浓、李青、胡士平、杜炳如。文工团上上下下都戏称这四位领导为"稀里糊涂"。其实，人家一点不糊涂。

希浓——电影《甲午风云》的作者之一；

李青——参加了电影《沙家店粮站》的拍摄；

胡士平——歌剧《红珊瑚》的作曲之一；

杜炳如——电影《无名岛》的作者之一。

您想，这四位若真糊里糊涂，能做出以上的业绩吗？

1953 年，我的四叔常宝华参军入伍，到了海政文工团。文工团隶属于政治部管辖，所以文工团的全称是：中国人民解放军海军政治部文工团。当时海政文工团在北京北新桥东四十二条附近的汪家胡同。

我去过几次汪家胡同。从西单商场站坐有轨电车，经西四、平安里、北海后门，到东四十条口往北即是。这是条环型线。1956、1957

年的时候上车三分钱，多交二分钱可以延长三站地，从西单商场到我四叔家只需要五分钱。有一次，我和大我一岁的六姑一起去我四叔家玩儿，返回时发生一点摩擦，她一赌气自己上车走了。这下我可惨了，我兜里只有二分钱，不够一张票钱，怎么办？一咬牙，走！我愣从北新桥走回了西单。这趟有多远？反正今天开车，别赶上红灯，也得半个小时。当年我从中午走到天黑才到家。这一趟，值！因为我懂了"贵在坚持"的道理，也体会了"一分钱难倒英雄汉"的窘境。

我参军入伍是受我四叔的鼓动，他起了关键的作用。

我从天津一中初中毕业后，由于学业不佳，高中转到十九中学就读。后来我妈妈卖掉天津的房子，搬回了北京。我仍留在天津上学，时而住爷爷家，时而住三叔家。虽然近一年的时间"打游飞"，但在这段时间里，除了每天去师父家学"活"外，我爷爷给我说了《数来宝》，我向三叔学了《学四省》《学四相》。

1957年，我妈妈搬回北京的老房子——西单达智营。随后我也回到北京，经考试，分到二十一中学做插班生。我的弟弟贵祥在中国戏曲学校就读，毕业后分配到中国京剧院，一直在北京。当时，我的妹妹在天津实验小学住校就读，过了不久，也办了转学，到了北京。虽然"文革"期间她到江西插队，后辗转到了上海，终归还是水流千遭归大海，回到北京。我妈妈带着我们哥儿仨久住北京。1956至1958年那阶段，我四叔常到达智营看望我妈妈。交谈之中，常谈起我的去向——是报考天津曲艺团？还是报考海政文工团？我四叔力主我参军，理由三条：一是部队要求严格，对个人是锻炼、提高的好场所；二是海政文工团曲艺队要发展，需要人；三是他在海军，可以教我、带我。我妈妈同意了，我自己的想法是只要说相声，去哪儿都行。

俗话说"谋事在人，成事在天"，机遇很重要。1958年8月1日始,由文化部主办的第一届全国曲艺会演在京举行,曲艺工作者三百多人参加,演出了近一百个曲种的 167 个节目,盛况空前。周恩来总理于 8 月 4 日到长安大戏院观看曲艺演出,11 日又和其他几位国家领导人一起在中南海怀仁堂接见参加会演的演员代表,并合影留念。那一阶段,电台播的是曲艺会演的节目,报纸登的是曲艺会演的新闻。大街小巷、屋里院外的人们,听曲艺,津津有味,聊曲艺,津津乐道。一时间,曲艺一片繁荣景象。曲艺在职能部门特别是在管理干部层面中有了新的认识。我四叔常宝华以相声《水兵破迷信》参加了会演,并获得好评,为海军争得荣誉,也令海军对曲艺、对相声、对常宝华另眼相待。客观上,这些为我入伍铺平了道路。曲艺会演结束后,我四叔组织了一场汇报演出,我学了一段当时最为红火的相声《社会主义好》,参加了演出,作为考试,通过了录取这一关。

我到海政文工团报到、办理入伍手续是在 1958 年 10 月 23 日,那年我 16 岁。

此时,文工团已搬到位于公主坟的海军大院。

1958 年的时候,公主坟还是郊区,只有一趟 38 路汽车,后来有了东到八王坟、西到公主坟的 4 汽路车。公主坟确实安葬过公主,而且是两位,东边的是清朝嘉庆皇帝的三女儿和硕公主,西边是嘉庆的四格格固伦公主。此为一说。还有传说此坟埋的是降清明将孔有德的女儿孔四贞。孔有德为大清屡立战功,后战死疆场。顺治的母亲孝庄皇后就把孔四贞收为义女赐名和硕公主。这位公主武艺高强,且很有传奇色彩,据说是清朝唯一的汉族公主。史实也好,传说也罢,终归这块地方是公主的坟。这一带苍松翠柏,夏季凉爽,到了冬季委实凄凉。甭管埋着谁,这里也是坟地。1965 年修地铁,把坟平了,改为街心公园。后来又修了个音乐喷泉,每到夏季招揽不少游人,有周边部队大院的住户,也有路过的行人,也有人专门从东边坐车来见识见识带音乐的喷泉。过了没几年,为了修立交桥,把花园平了,把喷泉拆了,公主坟成了贯通东西南北的交通要道。近年来,周边的商场林立,大厦高耸,车水马龙。当年的市郊,成了西边的市区。

海军大院在公主坟的西南角。因为院内有座黄色大屋顶的中式建筑,所以被北京人誉称为"海军大庙",按照政府规定这建筑必须保存完好。现在,这座中国传统式建筑可以说是公主坟一带的标志性建筑物了。

文工团的两个楼在大院儿的西南角儿,原本是速成中学,我们住的是原来的教室,宿舍墙上镶着一块玻璃的大黑板。我报到后,到宿舍看见黑板上有留守在家的杂技演员歪歪扭扭写的五个字——欢迎新战友!是啊,一个"新"字,涵盖多少新的内容。我开始了新的生活。

我考入文工团,定的是干部学员,补二级,每月发三十二块五。

今天,您要给孩子们讲20世纪50年代的干部,一个月的工资三十二块五,他一定感到很惊奇:"这么点儿?还不够吃顿肯德基的呢!"甭说他惊奇,连我自己今天想起来都感叹,六十年的变化真大呀!那时候这点儿钱也还真够,15元饭费,7元5角买生活必需品和零用,10元给我妈。从那时起,我养家了。

我向四叔汇报了"薪金"的事儿,他严厉地批评了我,告诉我说:"部队不叫薪金,叫津贴。"小小一件事,让我懂得了干什么事,特别是深入生活、了解素材,一定要认真,一定要准确。

我10月23号入伍,26号接到通知,只身去上海,等待从大连乘船到沪的曲艺杂技队,我将要加入到这支队伍中,一起奔赴福建前线。

"敌"我逗哏

台湾有个"准"相声演员王振全。我说他是准相声演员,是因为人家不以相声为谋生手段,开着俩小买卖过着殷实生活。要说他是业余玩儿票吧也不确切,因为他组织了个"汉霖说唱团",经常巡回演出,上广播,上电视,又出作品又写书,还到学校传经送艺教授曲艺常识。这个团在台湾不但有些名声,收入也颇丰,哪个玩儿票玩儿得这么红火?所以干脆我给他定职为"准相声演员"。1985年他第一次来北京,由中国曲协做东在"北海仿膳"宴请他们一行,其实这"一行"就俩人:王振全和常忆君。常忆君是个女孩子,说相声。想不到,说相声姓常的还有个女的,而且还在台湾。后来才知道这是她的艺名,本名叶怡均,起个艺名常忆君……经常回忆郎君……这名字倒是好记。席中除东道主曲协领导外,作陪的有姜昆、唐杰忠、常宝华和我。转年王先生又来北京,邀我相见,我们越聊越细:

"常兄,您在何处高就,哪儿发财?"

您听,台湾人净这老词儿。我说:

"贤弟,咱们说话别这么咬文嚼字的行吗?费劲不费劲呐!你就问我在哪儿工作不就完了吗。我是军人,海军,海政文工团。"

"我也当过兵,你是哪年的?"

"1958年参的军,一当兵我就去了福建前线……"

"炮击金门?"

"你还知道炮击金门?"我问。

"我就在那儿当兵。"

"啊！这可真巧啦！"

您说巧不巧？人世间的事有时候就像事先谁安排好的似的。海峡两岸两个说相声的，同是军人，都曾去过前线，可互相是"敌人"，事隔三十余年又成了朋友。巧！太巧了！

金门岛位于福建省南部沿海，当年国民党军队在金门岛设有防卫部，下辖六个步兵师，两个战车营，共88500余人，分别驻扎在大金门、小金门、马祖、大担、二担等九个岛上。这些岛与厦门隔海相望。隔海相望这可不是形容词，是真看得见，当年我就站在围头、镇海看过对面，天好的时候用肉眼就能看见"敌"占岛上的吉普车，用普通望远镜可以看见国民党兵……这个兵，是不是王振全就不知道了。这是说笑话，王振全是后来去金门服兵役的。总之，"敌"占岛上的目标均在我解放军火炮射程之内。1958年夏季，美英两国为了保持他们在中东的利益，悍然出兵干涉黎巴嫩和伊拉克内政。为了从道义上和政治上支援"中东人民反侵略"，我国各大城市举行了声势浩大的示威游行，口号震天，印象最深的一句是："要黎巴嫩，不要美国佬！"因为就这条口号出了个笑话儿，险些酿成政治事故。事情是这样的。有一天京剧界的去游行，一位唱老旦的京剧演员领着呼口号，一时口误把这句口号喊反了，喊成"要美国佬，不要黎巴嫩"啦，语一出口，大家愕然，全愣住了。这位京剧演员应变能力强，反应快，急中生智，冲着大家又加了一句问话："那行吗？"大家也反应过来了，齐声高呼："不行！"您说聪明吧！据报道北京的那次大示威达到了150万人次。又据报道，毛主席在中南海召开中央军委会议，决定用实际行动支持中东人民，打击帝国主义。具体的作战方向是"封锁金门"。

1958年8月23日17时30分，万炮齐发，对准金门等岛，喷射出条条火舌！

炮击金门选择的时间,大有学问。8月23日这一天,正好是星期六。下午五点半又正是金门守军夏季开饭时间。他们处于松弛、懈怠的状态,这时候发起炮击,正是"攻其不备"。"假日"往往是战斗双方选择的进攻日,日军偷袭珍珠港就是周末。后来,据此我写了个相声小段《假日》。

从炮兵作战的射击条件来考虑,选择的这个时间也正是有利于我军炮兵瞄准射击的大好时光。我军在西,"敌"军在东,下午五点半,正是夕照,我们看他们一清二楚,他们看我们简直睁不开眼,逆光一片,模模糊糊。只有招架之功,没有还手之"利"!这是选此时间的第二因素。

第三,您说怎么那么寸!此时此刻蒋的"国防部长"俞大维正在金门岛上视察……这是巧合?还是我军情报在手?不得而知。反正当天夜里一架 C-46 型运输机载着时任"国防部长"的俞大维及三具副司令的尸体返回了台北。

王振全和我 1958 年互为"敌人",1985 年化"敌"为友,五和八一调个儿,关系全变了,这就是历史。巧又巧在两个人都是说相声的。这正是:

> 当年炮击金门,
> 今日相会"敌人",
> 谁知昔日"敌"与我,
> 原来都会"逗哏"。

一首无律欠规的白话儿《西江月》道罢,且"听"下回。

99

战地生活

我们海政文工团曲艺杂技队是在大连慰问部队、下放锻炼近三个月,即将结束返京前,接到立即到福建前线慰问参战部队的任务的。我和队里的战友到达厦门已经是 10 月底,前线已经执行单打双不打的命令了。单打双不打,就是逢单日向"敌占岛"炮击,逢双不打炮。不但不打,还通过大喇叭向对方喊话:"今天是双日,我们不打炮,让你们得到充分供应,以利你们长期固守!"这个打法,您看新鲜不?在世界战争史上是否是独一无二,我不敢说,但真是打出了我党、我军的特色。

我们去得晚,我方连续炮击的日子没赶上,就是隔日打炮,也不见得逢单必打。所以什么搬炮弹、擦炮管这些活儿,都没赶上。人家歌舞团七位老同志赶上啦,都立了功。其实,就算我赶上了,我这刚参军两天半的新兵蛋子什么也不会,到阵地上还不够给人家添乱的呢。打炮没赶上,可防炮得时时刻刻。因为对方哪天打?没准儿。什么时候打?没准儿。往哪儿打?更没准儿!他们能做到的是打哪儿指哪儿!我们到部队去演出,都坐大卡车,开得飞快。地方车辆以及过往行人,都给军车让行,而且离着老远就让开。厦门如此,泉州、福州乃至整个福建省都让军车。特殊的地理位置,特殊的战斗环境,让福建的老百姓有了这个"习惯"。直到 80 年代初才改变。因为 1979 年 6 月才正式下令停止炮击。1958 年起,在福建部队中留下一句俏皮话儿:您是福建的军车——谁见谁躲啊!我们的车到了目的地,一般离着很远的距离就下车了,因为卡车目标太大。就是改为步行,也必须分成三四个人一组,组与组之间也要拉开一段距离。有交通壕的在壕沟里走,没挖壕沟的快速行进。不管在哪儿走,只要警报器一响,立即停止前进,就地卧倒。这些要求经过反复宣讲、多次演练,大家都熟悉了。其实,当时我一点儿都不紧张,因为第一次上战场,什么也不懂。我四叔常宝华倒是很担心我,用他的话说:"是我把他'弄'到部队来的。"而且刚参军入伍,就来到炮火连天的前线,我母亲已经失去了一个亲人,如果再失去一个,这可不好交代。所以有两次卧倒后,他都趴在我旁边,甚至用手搂着我。在前线近两个月的时间里,我深切体会到一个叔叔、一个长辈对我的关心,对我的爱护。

在前线除了防敌人的炮弹,更让我牢记至今的是要防被敌人"抓舌头"。敌方公开宣布,抓我方一个排级干部奖金多少,抓一个连级干部,奖金高于排级干部,抓一个文工团员,给的奖金高于连级干部。当时我还很纳闷,为什么他们悬赏抓文工团员的奖金这么高?通过福建前线两个来月的慰问演出,很快就有了答案,文工团的行动口号是"演出到基层,决不落下一个兵",这就决定文工团员走的地方多,见的部队广,情报信息量大,所以俘虏文工团员的奖金高。为了防范,我们不但严格规定个人不得单独行动,还三人组成固定小组,互相提醒,互相监督。而且三天两头地开会,保证、表态。这个说"要以电影中的英雄人物为榜样,宁死不屈",那个说"敌人上什么刑罚都撬不开我的嘴"。一位杂技女演员,讲得很实际,可把大家都逗乐了:"敌人给我用什么刑罚,我都不说,就是胳肢我,我也不说。"嗯?原来她最怕胳肢!可哪路敌人用这法子啊!

给参战部队演出,都是小节目,杂技演的是魔术、顶花坛、伞技等,曲艺有相声、山东快书、单弦等。不管上演什么节目,第一个上演的必定是现编现演的集体快板,表扬连队的好人好事。我们队有一位老同志,专门负责这个工作,每到一个连队,先了解材料,然后编写快板唱词,并抄成小纸条儿分给演员。我初到部队,偶尔上场说段相声,天天演、甚至一天演好几场的,是现编现演的小快板儿。这种鼓动宣传形式是部队的老传统,代代相传。经过几年的锻炼,到了1962年赴藏演出时,组织把这个任务交给了我。

1958年除了对"敌占岛"上的"敌军"进行军事攻势以外,还有政治攻势,所以炮击金门的炮弹有相当数量的宣传弹。也就是说一弹过去,炸开之后,里边的传单之类的宣传品"天女散花"般落下。前线的民兵、老百姓还因地制宜开辟了两种散发宣传品的形式:一放,一漂。一放就是放风筝,把宣传品捆绑在风筝上,这必须有风,还得是顺风,也就是刮西北风时放风筝。如果刮东南风时放风筝,就把宣传品全放到内地去了。一漂就是漂流瓶,把宣传品放在瓶子里,漂过去。这得顺水,一般来说选在落潮的时候。不但要算好了日子,哪天落大潮哪天放,更要选好地点,看好"流"。还有一种攻心的好战术、宣传的好方法,不用看"风"不必看"水",不受"风水"限制,那就是用高音大喇叭对"敌"广播。不但有大家常见的一个个的大喇叭,还有一组组的高功率的"九头鸟"。广播内容除去编排规定的以外,也有"现挂"的。比如:"我从望远镜里看见你们晾的被子,我们的气象台预报了,天气突变要下雨了,赶快收起来吧。"你别说,广播完了,从望远镜一观察,对方还真乖乖地收起来了。不收?淋湿了,没的盖呀!广播站也录些节目播出,我从艺以来,第一次录音就是在福建前线,而且是"对敌广播"。我录的是相声小段《王麻子》。那边听得见吗?听得清楚极了。您一定会问:你怎么知道?你在"敌占岛"上听过？呵呵，咱没在那边听过这边对那边的大喇叭，咱可听过那边对这边的大喇叭。那边对这边的广播清清楚楚，这边对那边的广播能不清楚吗？只不过那边极尽"混淆视听"之能事。1961年，我二赴厦门前线时，一日偶然听到大喇叭播放马季师兄的相声《打篮球》，当时我是第一次听这个活，专心致志地听完，里边喊上啦："共军弟兄们，共军弟兄们！"啊！那边播的？！那个时候，那边经常播些京戏、曲艺来骗取收听率，"争取"这边的听众。两边的大喇叭对着喊，两边的大喇叭也就成了对方的炮击目标。

我方大喇叭里播的主要内容是国军家属特别是驻大小金门、大担岛、二担岛的国军家属的喊话。厦门解放时，不少渔民被国军抓到金门固守，充当炮灰。他们的家属，经过我方耐心细致地做工作，才敢于喊话，才乐于喊话。别说，还真起作用，通过喊话，有一位国军弟兄靠着一口大铁锅游过来投诚了。这个故事，凡是当年和"对敌广播站"有过接触的人，大概都听站里的同志们讲过。这里边确实有广播站的功绩。平心而论，当时相当多的百姓，都不大愿意承认自己家里有亲人被对方抓去当兵，甚至指出名道出姓来，都说不是本家的人。广播站和地方武装部门做了大量工作。直到20世纪80年代以后，两边的人陆续往来，那边的退役老兵回家省亲，这边退下来的干部前去祝贺，玩笑地说："你们家不是没这个人吗！"大家哈哈一乐，玩笑之中，欢乐声中，又有多少酸楚、多少悲欢离合的故事。1992年我最后一次到福建海军慰问部队，连队附近的老百姓来看演出，他们时不时地还在讲这些真实的故事。接着发表一通感慨，表达出他们希望尽快统一的心情。

打过去的有炮弹，有宣传弹，还有一种是礼品弹。礼品弹打过去，炸开之后就飞出小降落伞，坠落的礼品五花八门，有日常用的小百货，文化学习的笔和本，糖果饼干甜蜜饯，背心裤衩儿色毛巾。不过，这些不是我亲眼得见，是当时听当地军民讲的。他们还讲，那边喊话还提过意见："你们送的糖不好吃！为什么不打过点儿厦门的花生糖来！"嘿！还挑上了！我当时还幼稚地随声附和："是啊，你们装上点儿花生糖多好。""那炮弹不是我们做的！"嘻！甭管那边的弟兄要花生糖是否真有其事，厦门产的花生糖确实地道。厦门花生糖用本省的小花生米做原料，加上当地种植的绿甘蔗轧的糖，当地叫土糖，真材实料，精工细作。真是特色食品。不过，我这点认知，有的厦门朋友不认同。有一年，我与张暴默等同志去厦门演出，在集美大学演出后，和师生闲聊，一位老师就指出："常老师，你搞错了，厦门特产不是花生糖，是花生汤。"我说："对呀，花生糖。""不是糖，是汤。"汤和糖，在福建人嘴里，一个音儿！一声二声分不出来。再细了解，有人说糖，有人说汤。我想，好在花生汤也非常好喝，非常有特色，也许用花生做的这两样儿，都是特色食品。但"那边"喊话要的，我敢肯定地说，一定是"糖"。您想，50年代那时候还没有什么塑料薄膜密封设备，那"汤"打得过去吗？

福建厦门还生产一种珠子鞋——用玻璃珠子串成各种花形绷在鞋面上，叫珠绣拖鞋，样式美观，远近驰名。我和队友们逛街时，我给我妈妈也买了一双，这是我生平用自己挣的钱给妈妈买的第一件礼物。在买珠绣拖鞋的时候，队友杨桂林给他的父亲、著名古典戏法演员杨小亭先生买了一双皮拖鞋，那情景引发了我无限感慨：我父亲要是还活着该多好，我会毫不迟疑给他老人家买上一双，他一定会兴高采烈地穿上儿子送给他的礼物。我在鞋店里来回走了好几趟，在皮拖鞋前我驻足五六分钟，买是不买？最后决定，买！我想，就算他穿不上，他的在天之灵也会感受到他的儿子在想他。这双拖鞋我一直保存着。"文革"当中这双鞋也成了我"站不稳阶级立场,和'反动家庭'划不清界线"的"见证"。如今,这双拖鞋我还保存着,五十多年了,小小一双鞋,让我更加懂得了"子欲养而亲不待"的深刻内涵。

曲艺形式简单,适合到前线演出。所以每次到前线慰问,都少不了曲艺队伍。1958年我们在福建慰问的同时,中国曲协组织的以马季、赵世忠二位为首的慰问团队也来到前线,他们二人以前线儿童先进事迹为素材创作、演出的相声《英雄小八路》反响热烈。没出一个月,以常宝霆、李润杰二位先生领衔的天津曲艺团也来到福建厦门慰问部队。闲时,我还把他们接到我们的驻地虎头山坐了片刻。真想不到,三叔、四叔、我,会在前线碰到一起了。

第一次下部队,第一次到战地,第一次给海军战士演出,第一次帮厨,第一次给战士洗衣服,第一次采访英模、听先进事迹……这无数的第一次,让我感到事事新鲜,处处新鲜。每天就跟吃了兴奋剂似的,耳朵老支棱着,眼睛老瞪着,神儿参着。

任何事都是从一开始的,赴福建慰问演出的战地生活是我军旅生涯的开始。

为巩固和提高部队战斗力服务是部队文艺工作者的职责,这是我后来经过不断学习、实践,提高了觉悟后认识到的。而"图新鲜"是我最初下部队慰问的主要动力,就惦记着下部队,下部队演出去的都是新鲜的地方,都是第一次去,使我增加了阅历,开阔了眼界,丰富了知识。还有一条愿意下部队的原因是"省钱",到部队演出,饭费交的很少,还发了不少补助。

曹操和家雀儿

我这个年龄段的人,可以说新中国成立以来的"运动"都赶上了。您可听明白喽,赶上了不等于参加,不参加不等于不受教育。

解放没多久便开始的"肃反运动",我赶上了。"七个小英雄抓特务""黑肇明抓特务",天津表彰宣传的这些小英雄的事迹,儿时总盼着能在我身上重现。

接下来是"三反五反",这场运动是针对党内腐败分子和不法资本家的,我挨不上,可也赶上了。整天听的是女同学边跳猴皮筋儿边数唱:

猴皮筋儿,我会跳,
"三反运动"我知道,
反贪污,反浪费,
官僚主义我反对。

绿化祖国、植树造林运动,我赶上了,参加了。我和北京二十一中的学友们被分到门头沟九龙山挖坑种树。众所周知,门头沟是京西产煤的地方,那山上净是石头,树坑真难挖呀,一天挖不了一个。一个班的人一个星期下来,才种了三十来棵树,还没活。为什么? 我也纳闷。1976年到80年代初的那几年,部队文工团年年拥政爱民到农村演出,我又去过种树的那个地方,向农民了解过:为什么我们当年种的树没活？人家回答得很干脆："50年代种的树，没几棵活的。山上没水，有人种，没人浇，活不了！"树白种了，我们等于锻炼了一回。和我一起"锻炼"的有流行歌手屠洪刚的爸爸屠郁文，他是我在二十一中的同班同学。我们一起种树没多久，就又赶上"除四害"运动。

大张旗鼓地大扫除、搞卫生，人人上阵，个个行动，级级把关，层层检查，从宣传到组织形成了运动之势，真是点点干净、处处整洁。检查员都是戴着白手套检查，所到之处用手一蹭，手套洁白如初——通过，有一点儿黑——重擦。书柜、文件柜、衣柜，连碗柜都要"六面光"。做到这点不容易，保持清洁就更难。那个年代北京爱刮风，只要一刮风，柜子上就是一层黄沙，赶紧擦。三天两头地刮，两头三天地擦。一定要保持"四无三洁六面光"。四无就是无四害。四害者，苍蝇、蚊子、老鼠、麻雀也。前三种传染多种疾病，该除！麻雀被除是因为糟蹋粮食。对这个理由当时就有学者、科学家提出不同见解，认为麻雀利大于害。麻雀是既吃虫又吃粮，除虫之功大于吃粮之过。麻雀应被排除在四害之外。究竟是利是害？争来争去，各抒己见。当时广大群众还没有生态平衡这样的认识水平，也不会这词儿。那时恰恰赶上文学艺术界正在出书、著文、写剧本，大张旗鼓地评议曹操的是非功过。郭沫若郭老编剧、北京人艺排演的《蔡文姬》就在紧锣密鼓宣传之中。据此，报上就有人发表了"替麻雀翻个案，比替曹操翻案的意义大"这样的个人意见。您瞧，曹操和家雀儿连在一块儿了！本来风马牛不相及的事儿，就因为曹操和家雀儿都卷在一股风中，"翻案"翻到一起了。

不管麻雀的命运如何，利与害结论改变与否，这之前，群众还是认真执行上级指示的。今天，翻阅过去的报纸，1958年4月20日《人民日报》刊载："从清晨五时开始，北京布下天罗地网，围剿害鸟——麻雀。全市三百万人民经过整日战斗,战果极为辉煌,到19日晚上10时止,据不完全统计,全市共累死、毒死、打死麻雀83249只。"我就是三百万市民中的一名。二十一中在交道口附近,离安定门很近,当时老城墙还没拆,城墙上就是我和同学们的"战场"。"战士"们有舞动彩旗的,有耍动竹竿的,有挥动扫把的,有抡动树叉的;有敲锣的,有敲鼓的,有敲脸盆的,我也不知道从哪儿捡来个装电影胶片的铁盒儿盖儿,"当当当"敲了起来!连吓唬带轰,不用说那么小的麻雀,就连个头儿大的喜鹊、乌鸦也飞不动了,甭管什么鸟,劈哩啪啦往下掉啊!

过了些日子,政府职能部门就改变了麻雀划为四害的提法,变除麻雀为除臭虫。

当时,北京西单路口、东单路口各有一块很大的宣传画,画儿是一样的。画上画着一个小女孩,右手拿着个苍蝇拍,左手向前指着,宣传画的标题是《你为除四害做了什么?》。这幅画最大的特点,是只要你站在画的前面,不管从什么角度看画上的人,画中人都会看着你、指着你,像是在问你:"做了些什么?"我家就在西单,出来进去,都会看见这张画、注意这张画、琢磨这张画,日久天长琢磨出点儿道理来。因为这幅画比较大,不是画中人追着看你,而是看者时刻都在画中人的视角之内。

相声界的老先生在给我们讲表演时反反复复强调"拢神"。"上了舞台首先要和观众神对神,让观众把注意力集中在你的身上,就好像你对着他一个人说一样,在和他交流。场子里那么多人对着谁呀?哪个是对象?这得根据剧场大小而定,要看准中心位置。看得靠前了不行,眼睛只盯住前几排的观众,靠后的观众看你一场不睁眼的演出。眼睛看得太靠后,倒是把后边的观众拢住了,可前边的观众看了一场翻白眼儿的演出。"前也不是,后也不对,盯着哪儿? 具体的位置全靠自己在实践中琢磨体会。偶然听到原北京戏校孙毓敏校长讲课,涉及"视象具体",她说:"我就看到十四排座位上的小亮点。"我想,她在成百上千个剧场演出过,那就是成百上千个十四排,成百上千个小亮点。真不易呀!一张宣传画,相声界老先生传的经送的宝,孙校长的实践经验,几方面融为一体,充分证明,艺术来源于生活实践,生活越丰富,艺术越精彩。画中人的眼神正是诸多老先生所讲的真谛。

"除四害"不但让我们讲了卫生,"除四害"的宣传画,也启迪了我们的艺术潜能。艺术总是相通的。相声这门艺术,看起来容易,说好了真难。要不怎么在几百名甚至上千名相声演员中,给您留下深刻印象的,就那么点儿人。

1958 年开始了"大跃进",村村成立人民公社,处处在大炼钢铁。那个年代出差,坐火车沿途是处处冒烟,到了夜晚红火一片,倒真是壮观。高举"三面红旗",人们似乎沉浸在"人有多大胆,地有多大产"这种"敢想敢干"再加上一条"敢说"的生活氛围中。为跟上跃进的形势,文艺战线掀起了文艺创作的高潮,以"一天等于二十年"的精神为支柱,"十五年赶上老英国"口号为目标,我们天天"写作",憋着放卫星,不分黑夜白天,熬得人困马乏。我们团的吕医生、胡医助也在"跃进",他们的"跃进行动"就是想尽办法支持我们的"跃进",保障我们的"跃进行动"。我困得实在不行的时候,他就会给我一种药,吃下去……嘿!立马就精神。后来我才知道,这就是兴奋剂。兴奋了,该睡的时候也睡不着了,他们就再给我另外一种药——安眠药。兴奋剂、安眠药来回倒着吃,真是有些折腾人。可不是所有的人都给药的,当时团里除去一位杂技小演员,我的年龄最小,大概医生们怕我跟不上"跃进"的步伐,拖了后腿,才特殊照顾我的。从 1958 年底到 1959 年 5 月这段日子里，我可没少得到这样的"照顾"。至于有多少团员得到如此照顾，就不清楚了。其实，像我这样的，当时再关照也写不出作品。一没有丰富的生活积淀，二没有丰富的写作经验，就是坐那儿写也是瞎写，写出来的东西也是白瞎！我们的领导们都是老文工团员了，他们都有一定的创作实践经验，他们懂得写作的规律，但在那个年代，我想他们也是不得不违常规，"领导"着如此蛮干，以求步入"跃进"的行列。我看他们也心虚，他们也无奈。文艺创作有其自身的规律，违背规律，甭说好作品写不出来，次的也写不出来，纯属废品！当然了，我的这些想法都是现在的想法，在那个年代，领导怎么安排就怎么干，绝对是毫无二话！我们一般团员绝对听团领导的，团领导绝对听上一级领导的，因为那个时候"领导就是党"。更何况"大跃进"那是运动，谁能不积极，谁敢不积极。

不单我们"跃进"，哪个团、哪个单位都"争上游"。日前，见报载一篇短文，名"40 年前'创作跃进'"。其内容不仅"有趣"，而且还能为那个"大跃进"的年代"立此存照"。

抄来看看——

  ××同志：为了贯彻省委宣传部最近召开的宣传工作会议精神，组织文艺创作，配合当前的政治运动和生产工作进行宣传，我们拟在本月 9 日晚上搞创作跃进，从下午 7 时起，苦战四小时，每人创作一篇作品……作品的内容主要是宣传四个根本(总路线，人民公社，大跃进……)和八个题目……

中国作家协会××分会

1959 年 11 月 7 日

　　××同志:为了贯彻省委关于组织文艺创作大跃进的指示,省文联党组向全省文艺工作者提出"创作更多更好的作品,向60年元旦献礼"的号召,作协分会根据省委的指示和文联党组的号召,特在本月29日组织一次文艺创作跃进日,从上午9时半到下午3时半,苦战六小时,每人至少创作一篇作品……

中国作家协会××分会

1959 年 11 月 25 日

难忘的 1959

从 1959 年春季开始，海政文工团就开始为全军第二届文艺会演做准备了。我初来乍到，不可能上台，只能做些台后的工作。看到这儿，您也许奇怪："你写台后工作，怎么不写后台工作？"说实话，我没那个资格也没到那个位置。后台工作是专人专职，从后台主任，到化妆、服装、道具、灯光、装置……各门各类都有专业人员，都有负责人，并且都印在节目单上了。我到不了那个位置，顶多，负责人名后加个"等"字，我就是那个"等"里边的，也就是打杂儿的。我被分配去搞灯光。今天的灯光器材多先进，全部电脑操控，下边鼠标一点，上边的二三百支聚光灯、柔光灯、回光灯、扫描灯、电脑灯、追光灯……一一按照编好的程序，该亮的亮，该灭的灭，该变色的变色，没用几秒钟，绚丽的舞台或是灯光辉煌，或是意境超凡。那时候的灯光器材、舞台设备差远了，灯光的颜色，全靠人工换片子。片子即是红的、绿的、蓝的、黄的……各色透明玻璃纸，在幕间或灯熄的时候，换上去。我就干换片子这活儿。为保证演出，都是夜间装台，连装带试，一装好几宿。真困！有一次，在北京万寿路后勤大院内的后勤礼堂装台，我负责观众席二楼左侧架子上的玻璃纸。装到半夜，我愣站在铁架子上睡着了，下边连喊我几声都没叫醒我。团长发现了，赶紧派人上去把我背下来，避免了一场可能会发生的事故。

由于剧场设备简陋，在所难免的事故偶有发生，有的事故还挺可乐。海军礼堂——我说的是原来的，就在现在海军礼堂的对面，是座坐西朝东很小的剧场,大家习惯地叫二礼堂,以区别后盖的大礼堂和海后小院儿的三礼堂。二礼堂几经改造装修,才有了天花板顶棚,顶棚里边还是木板搭的临时通道,舞台口前上方的面光灯池里,仍旧是蹲在宽度二十厘米左右的木板上操作。一天上午联排参加会演的舞蹈《火线中秋夜》,舞蹈队在台上跳,歌队、乐队坐在观众席里。忽然,一块天花板从顶子上掉下来,大家抬头一看,在"啊"的同时,只见两条腿又从掉下天花板形成的窟窿处"掉"出来,两条腿在空中悬着……有人刚要喊,还没喊出来,只见这两支腿"噌"又拔上去了。怎么回事儿?原来上边搞灯光的是位杂技演员,还是个女同志,没留神,一脚踩空,从两块木板之中掉了下去,就在千钧一发之际,张开双臂,架在木板上,来了个"十字悬垂",然后借力使力,双手一撑,"噌",上去了!事后,大家感慨地说:"这整套的自救动作,在一刹那之间完成,也就是杂技演员呐。"踩漏的天花板得补上,可新的和原有的颜色很难一模一样,直到这个礼堂拆毁前,这块抬头可见新天花板的故事,一直是我们在礼堂集会时会前会后的闲聊话题。

上边的工作有危险性,下边的工作……碰巧了,也有危险性。有件玄事就发生在下边的乐池里。怎么回事?说给您听听。

1958 年 8 月 23 日下午炮击金门开始,24 日我海军某鱼雷艇大队以六艘艇在金门岛以南海面,对遭我海岸炮兵火力轰击后仓皇外逃的敌舰群实施突然袭击,一举击沉敌用"中字号"登陆舰改装的"台生"轮,重伤敌"中海"号,取得鱼雷艇部队参加封锁金门岛的首次胜利。当然,为此我方也付出了代价,175 号鱼雷艇中弹沉没,七名艇员下落不明。后来放映的电影《海鹰》《无名岛》都是以此事为素材创作摄制的。

我团为要参加全军第二届文艺会演，也以此创作了集音乐、合唱、舞蹈、诗歌多种艺术形式于一体的配乐诗剧《碧海丹心》。节目开始，音乐起，隐蔽在舞台两侧的人，抖动浅蓝色的绸布口袋，时快时慢，打上灯光还真像起伏的海浪。在海浪起伏中，一束追光照在朗诵者的脸上，他朗诵道：

> 大海呀，大海
>
> 你汹涌澎湃，多么壮观
>
> 多少诗人为你讴歌赞叹，说你辽阔万千
>
> 今天，我们的英雄
>
> 用钢铁的笔尖
>
> 写下了壮丽的诗篇。

铿锵有力的朗朗诗句，快速抖动的蓝绸口袋，节奏鲜明的背景音乐……舞台上还真有些海味儿。

分头排练时，挺好。第一次合成出了问题。

坐在观众席里的伴唱队员进入了乐池，乐池小，人又多，虽不拥挤，但也缩小了工作面积。面对指挥，左手边依次为小提琴、中提琴、打击乐。合唱队一进乐池，定音鼓往前推了推，就把打吊镲的乐手挤到末把中提琴手的后边。吊镲是单片四十多厘米直径大小的大铜镲，左手提拉着，右手用藤条做把儿、绒球做头儿的镲槌击打。为了烘托气氛，右手槌打下去，左手镲举起来，很给力！打镲的乐手，是不久前由吹管儿改为打击乐的，是个大近视眼，外号叫"干儿虾"，您想，但凡眼神儿好，能有这绰号吗？乐队在乐池里全仗着谱台灯照明看谱子，人一多，也不知道哪位脚下不留神，把打击乐谱

114

台灯的插头踢掉了。本来这位眼力就差，灯一灭，更没谱儿了，第一遍，节奏没跟上打晚了，第二遍，打早了！这下指挥急了，嘴里哼着谱子，手里挥着指挥棒，单独操训，唱了两遍，严丝合缝了，从头来！给灯光，开大幕，抖蓝绸，亮追光，诗朗诵，音乐起……马上就要到定音镲的了，就看"干儿虾"高举右手，在节奏中，手起槌落……镲可没响，中提琴倒拉出个不和谐的长音，随着这一声长音，中提琴手躺地上了！原来，这一槌儿没打在镲上，正打在中提琴手的脑袋上——晕了！砸的呀。

人砸了，节目也砸了。在那年的全军第二届文艺会演中，海军的歌舞节目和中等水平的相比，还要略低一筹。团里的老同志心里憋屈，为了记住这次失利，把这一年自嘲为"难忘的1959"。老兵说1959难忘，我这个新兵蛋子，也视这一年为难忘的岁月。为什么？您往下看呐。

第二届会演，歌舞差点，相声可独占鳌头。赵忠、常宝华、钟艺兵创作，常宝华、李洪基演出的相声《昨天》大受欢迎，得到观众、专家的一致好评。

全军第二届文艺会演从1959年6月6日开始，到8月14日闭幕，我四叔常宝华参赛演出那场是在8月初的某日下午，在后勤礼堂和其他团曲艺节目组台。从那日起，《昨天》就成了曲艺专家评审组奖评、举例的话题。

那时候，我刚参军，初来乍到，友军文工团的战友没认识几个，可《昨天》演出后，不少人见了我的面儿和我拉手，我也不知道他们怎么知道我是说《昨天》那人的侄子的。

有的人向我表示热烈的祝贺。其实，他不知道，这个段子，用今天的流行话说，和我一毛钱关系都没有，我只是来学习的。我四叔

115

参赛演出那天,我也是坐在观众席观摩学习。我四叔使得好!感情的真挚,人物的清晰,包袱儿的响亮,让我感动,让我震撼,让我油然而生想紧紧拥抱他的冲动,以祝贺演出成功。但不行,因我坐在二楼观摩学习,再加上纪律约束,动弹不得.只好以热烈鼓掌代替了。

《昨天》不但得到观众的赞赏,国家领导人也非常关注。据我四叔介绍,周恩来总理听了相声《昨天》非常高兴,并且提出修改意见,再次给总理演出时,周总理指示还听《昨天》。当我四叔演完按周总理的意见修改后的《昨天》,周总理高兴地拉着常宝华的手说:"你改得很快啊,这个结尾好,符合人物心理了。"

《昨天》不仅在会演时被誉为上乘佳作,而且至今仍被评为经典,在《中国曲艺志》《中国新文艺大系》上都有记载。

我四叔的成功,让我更加明确了一个道理:人保活,很重要;活保人,是成功之道。一个活"写"与"使"都好,才能在舞台上长久站牢。1959不能忘,时时记住上边这一条。

全军第二届文艺会演,我还有一个最大的收获,就是听了老舍先生有关创作经验的讲座,其中"开沟与打井""不冒不写""腹稿"不打好不动笔,指导了我一生的创作。

当时的海政文工团,连办公带宿舍就两栋楼,南北两栋楼之间,是暖气房的煤场子,从那时起,每天我都面对煤场的围墙练习基本功,煤场围墙就是我人生舞台的起跑线。

昨日的重奖

全军第二届文艺会演共计演出了 408 个节目，无一得奖……因为规定不评奖。

今天的年轻演员，真是赶上了好时候，各种大赛为演员搭建了为人民服务、展现个人的平台。现在，凡赛事，必有奖，拿了奖，就创造了晋级的条件。这曾经有过明文规定。可惜，我是两头儿没赶上。我参赛的时候还没有这规定，再参赛这规定取消了。等这些规定又恢复的时候，年龄过了，我就净当评委、不参赛了。

我们赶上的那阵儿，有没有奖励呢？有！

改革开放前，对演员的最高奖励，莫过于受到中央领导人的接见。当然，若能受到毛主席的接见，那更不用说，定是人生中的头等大事了。

全军第二届文艺会演过后，毛泽东主席在中南海接见了全体演员，我们提前三个小时就到达了指定地点，等待着这激动人心的时刻。"毛主席万岁！毛主席万岁！"当这彼时最熟悉的口号响起的时候，摄影师为我们留下了宝贵的瞬间，我的位置很明显，最高一排，陆军过去，海军第三个人就是我。只可惜，我的脸被站在我右边的战友向左伸出鼓掌的手挡住了半拉，拿到相片后，自己找自己……都成了"半熟脸儿"，"这是我吗？"和战友核对半天，才确定了自己的位置。

毛主席接见，这在当时、在每一个人心中，就是无上的荣光、最高的奖赏。我一直保存着这份荣耀，每当看见这张照片时，我就会感到骄傲、自豪！

随着时间的推移，这以后，我又给毛主席他老人家"值班"了两次，就是准备着演出，但没演成。怎么回事儿？您听我说：20世纪50年代末60年代初，为了保障中央首长的身体健康，经常组织舞会，请领导们活动活动。海政文工团基本上周三、周六到中南海等地执行任务，除去伴舞的，也带去几个小节目，舞会中间休息时演出。至于休息不休息，看不看节目，看什么，就全按领导的指示办了。1963年后，经组织批准，我四叔开始带我到中南海执行任务。进中南海，第一次到的是紫光阁。在休息室我向蒋晓军学下五子棋。忽然，舞厅内温文尔雅的乐曲戛然而止，我很奇怪，晓军告诉我："首长来了。"我紧走到舞厅门边一看，啊！毛主席！这么近距离看毛主席！比前次和毛主席合影时，看得清楚多了，而且一会儿我就要给毛主

常宝华(右)、常贵田(左)演出照

席演出了,激动、兴奋、紧张……复杂的心情溢于言表。我赶紧一溜小跑,回到休息室"默活",复习我四叔已经规定下的段子《蛤蟆鼓》。为什么说这段?因为听说侯宝林先生两年前给毛主席演了这个段子后,毛主席说:"这个段子好,有辩证法。"

　　1964年4月6日至5月10日,全军第三届文艺会演在京举行。1965年元旦前后,挑选了会演中部分获奖节目在人民大会堂进行军民联欢。从海政文工团曲艺杂技队挑出的节目有我和我四叔的相声,还有一场五人空竹。大会堂演出一结束,总政的干事通知我们去完成一项新的任务。我们坐电梯下了楼,没出大会堂,直接上了汽车,汽车也没上来走长安街,等到汽车上来时,已经到了中南海。当时没闹明白,过了些年,报载人大代表从人民大会堂内乘地铁直达王府井购物,我恍然大悟,敢情重要建筑物下边……都有站!

　　我们去的是春藕斋,观众是刘少奇和他的夫人王光美。同台演出的有我团的空竹,还有北京军区演员马玲表演的魔术。我说了《学哑巴》《考算术》两个小段。演出结束,刘少奇接见了我们,和我们热情地握了手。这是我第一次给刘少奇同志演出,也是最后一次。"四人帮"倒台后,我又多次见到王光美同志,在一次见到她的时候,她对我说:"我以前见过你,现在你的表演,进步很大。"我请她签名留念,她欣然允诺。同时,摄影师拍摄了这个画面,这张珍贵的照片我一直珍藏着。

　　"文革"前,我曾多次见到敬爱的周总理,多次聆听他老人家教诲,也几次为他老人家演出。1966年抗美援越战斗中,中宣部调兵遣将,从全国各省市抽调人员,组成15个文化工作队,开赴前线,慰问部队。敬爱的周总理在百忙之中看望了这支即将出征的文化大军。中宣部从中选出一台节目向周总理做了汇报演出,其中有我改编、演出的单口相声《死伤登记处》。这以后，虽又多次见到周总理，遗憾的是再没机会为他演出了。

面对面看我演出的第一位伟人是朱老总。那天是 1959 年 12 月 21 日，地点在三座门，我说的段子是《灯谜》。

看到这儿，有的读者一定会问："常贵田，过去那么多年了，这时间，你怎么记得那么清楚？"不瞒您说，我年轻时爱写日记、业务笔记，就是现在，每天干什么还时不时地记在日程表上，时下写书，自己给自己提供了很大方便。遗憾的是有一阶段停笔了，运动来了吗，三天两头"检查资料"。美其名曰"查"，其实就是"抄"，造反派有权呐，逮谁抄谁，与其我给别人提供"炮弹"，不如不写。有关彼段时间的回忆，现在只好靠想，再找些零零星星的资料，慢慢查找了。

在后来的舞会场合，常见朱老总缓慢的身影。尽管舞姿单一，但他慈祥的笑容，给我留下永远难忘的记忆。

中国人民解放军第四届文艺会演，是 1977 年 7 月 15 日开幕的，在 9 月下旬结束之前，抽调会演节目组台，在人民大会堂小礼堂，向中央首长做了汇报演出，演出结束后与首长合影留念。华国锋、邓小平、叶剑英三位首长在座。在汇报演出中我和我四叔表演了《帽子工厂》这段相声。

我还曾为陈毅、贺龙二位老总演出过。给我的感觉，陈老总似乎不太爱听相声，因为给他演的时候，陈总不爱笑，反应不强烈。他爱听京戏，乐队每每奏起《小开门》等京腔京韵改编的乐曲时，他都是兴高采烈。最后一次给陈老总演出是在 1963 年的建军节，地点很特别，是在军事博物馆屋顶的露天阳台上。不知是因为演出地点别有特色令我心有所思，还是净惦记着演出的效果能不能达到一个新的水平，离开军博的时候，我把皮制黑色小服装箱忘掉了，又赶紧从海军大院返回军博去取,算是又上了一次露天阳台。不经一事,不长一智,我接受教训,四十多年来也再没丢下过演出用品。

贺帅爱笑,爱听相声。他不但爱听,还会在听的同时"评议"。记得有一次为贺帅说的《相面》,他边听边议,"这句有感情","算卦的形象要再突出"……演出过后,我和我四叔走上前和他握手时,他对我说:"你是世家子弟,又是烈士子弟,应该说得更好些。"遗憾的是从那以后再没有遇到让贺帅评议的机会。

十大元帅我见过六位,看过我演出的除朱、陈、贺三位老帅以外,还有一位是叶剑英。初见叶帅不是在北京,而是在海南。1974年收复西沙后,我和我四叔常宝华创作、表演了相声《保卫西沙》,歌舞团的同志们排演了反映西沙海战的歌舞节目。转过年来接到海军时任领导苏振华政委指示,该节目的主要演员到西沙体验生活,二常一同前往。到了榆林后,天不作美,一个星期风没停,浪大出不了海。当时,叶帅正好到海南视察,我们便白天随首长转岛,晚上给首长组织节目。就这样,叶帅听了我四五段相声。陪同叶帅的有海军苏政委和夫人——海政文工团政治处主任陆迪伦,叶帅的女儿叶向真,还有刘诗昆。

我是1965年第一次进的海南,到这次,间隔十年的光景,已是四见"天涯海角"了。前三次,尽管进岛时间很长,但只是到处演出。此次,借首长的光,进一步了解了海南风情。甭说别的,文昌鸡、加积鸭、东山羊、凌水鱼这些海南特色食品,都是第一次品尝呢。

更庆幸的是此次海南之行我和我的夫人闻克礼一同前往,她是歌舞《西沙之战》的女主角,前去体验生活。她去过海南,我也去过海南,就是没一起去过海南,此次共同前往,长达一周之久,犹如一次蜜月。

在给国防科工委演出时，聂荣臻元帅看了我一场演出。

1959年全军二届文艺会演后，毛主席在中南海接见全体演职员时，时任军委副主席、国防部长彭德怀没有参加。过了半个月吧，彭德怀老总在后勤学院操场接见了大家，并合影留念，算是见了彭总一面。

1985年，江苏电视台为庆祝八一建军节，请时任上海市委书记兼南京军区政委江泽民同志出席，听我说了段《说海》。

1986年，贵州省文化部门请陈佩斯、朱时茂、张暴默、王结实、谢丽丝、常宝华和我等人到贵演出，时任贵州省委书记胡锦涛对大家关怀备至，亲自到住所看望，并观看了演出。

1995年，中央电视台的元宵晚会中有一段群口相声，是李金斗、石富宽、笑林和我陪同我们的四位夫人表演的，姜昆、赵忠祥既是主持又是捧哏。整场晚会是在福州录制的。当时，习近平同志任福建省委副书记、福州市委书记。习书记很亲民，亲切接见参加节目录制的演员。

时光荏苒，我从16岁参军，到我完成这本书时，已经到了古稀之年。部队的老上级，我们的老首长，这些开国的元勋，今日何在？十大元帅均已作古。那十位大将、57位上将、177位中将、1359位少将，到现在为止，在世者仅有十余位，且都九十高龄以上。庆幸的是，这些人中我曾见过多位。多少位？二百多位吧！啊？您别不信，我见的只会比这多，不会比这少！那是在1959年……

在庆祝中华人民共和国成立十周年的活动中，有这样一项安排：在刚刚落成的人民大会堂组织一场演出，招待国内外嘉宾。这场晚会的演员都是各团的尖子，有中国人民解放军第二届文艺会演中表现突出者、能歌善舞的少数民族代表，还有一支独具特色的将军业余合唱团。这支队伍由二百三十余位将军组成,约占将军总数的七分之一。选唱的歌曲也囊括了各个历史时期的曲目。歌声嘹亮,英姿焕发,振奋人心! 八一电影制片厂以纪录片的形式记录了这光辉的一页。为保证录制效果,专门从部队、机关、文工团抽调人员,充当观众。

……哦……常贵田,你甭说了,一定是你也当观众去了,在台下听老将军台上演唱。……嗯……读者朋友,您的想象力还挺丰富。……我丰富什么呀,这不都是你写的吗! ……哈哈……是我写的,和观众交流互动,是我们相声演员的必修之课,借今天这机会,在读者您的指导下,我也再练练呗。

1959 年国庆的节目,从在人民大会堂走台排练开始,合乐、合光、合景、合主持人(那时候叫报幕员),我都是在台上看的,和将军们基本是零距离。这到底是怎么回事儿?那时人民大会堂刚刚建成,设备也是初步试用,就怕出问题,上级决定从部分文工团抽调人员组建临时小分队,一人一个点,保障安全。我就是其中之一,负责舞台下场门的流动灯。这个灯的直径五十厘米左右,插在架子上,架下边有三个轱辘,可以来回移动。舞蹈演员从这里上下场,京剧的乐队坐在这里伴奏。我站在这里提醒大家"请注意脚下"! 参加合唱节目的将军们,上下舞台时有三分之一的人员从我面前经过,每当这个时候,我都自觉地立正,向他们行注目礼。那时候我 17 岁,在没见到这些将军的时候,心中对他们怀有一种神秘感,他们是共和国的缔造者,他们每个人都有一段充满传奇色彩的故事。为了更多地了解这些勇士们,我经常利用工作之便,在舞台上从下场门到上场门走几个来回,看看他们。就这样,二百多位将军在人民大会堂全看见了。他们很精神,他们很爽朗,虽是业余合唱团,但是他们无比认真,

123

一丝不苟，给我们年轻军人做出了榜样。他们虽身居高位，但是很随和。常常问东问西，偶尔也和我们小兵聊几句。将军之间也说笑话，"笑"果可和我们相声演员使的"包袱儿"相媲美。举个例子：1964年5月10日中国人民解放军第三届文艺会演结束，闭幕式在北京展览馆举行，由时任总政治部副主任付钟同志主持大会并宣读获奖人员名单。其中有两位获奖者，一位叫苍鹰，一位叫范同。在获奖名单上，两位一前一后。付副主任是四川人，虽进京多年，乡音没改。这二位获奖者的大名，经付副主任用川味这么一宣布，苍鹰变成了"苍蝇"，范同变成了"饭桶"！我们坐在下面，想乐又不敢乐，没想到，付副主任此时此刻加了一句话，与会者哄堂大笑，成个大包袱儿。他说："咋地搞的吗！怎么都起这个样的名字啊！"

据我了解，付副主任没说过相声，虽然他是位文人，写过不少文章，可是他也没写过相声。然而他熟悉曲艺，他喜欢相声。他组织的语句，加上"自己使、自己翻"的说法，让大家哄堂大笑，要不怎么说相声来源于人民大众呢。他十分关心曲艺的发展，1981年他在《曲艺艺术论丛》中发表的文章"红军时期的说唱艺术"，让我大开眼界。他喜欢和文艺界人士交朋友。付副主任1989年离开大家的时候，他的家属通知了我，因为我在外地演出，没能回来送他一程，终生遗憾。

越是资深望重的老干部，讲起话来越容易被大家接受。付钟上将在做全军第三届文艺会演开幕式动员报告之时，说错了一个字，把开幕说成了闭幕，"现在，我宣布中国人民解放军第三届文艺会演闭幕"，话音一出，在坐的罗瑞卿大将立即接了一句："怎么还没有开幕就闭幕喽？"用一句玩笑话，代替了更正。掌声，笑声，会场的热烈气氛达到了极点！

不挨骂，长不大

人们常说：看起来整天欢欢喜喜的人，心里未必没有难诉的苦；每日里笑容可掬的人，眼里不一定没流过无言的泪。幸福人的幸福，源于懂得生活而得到的快乐。不要跟自己过不去，不要纠结于他人的评说。

1960 年的 4、5、6 三个月我们到青岛下部队慰问演出。临行前，我到天津蒙古路我爷爷家和他话别，他多次竖起大姆指，对我讲青岛、大连，好！房子好，气候好，绿化好……最好的是俩地方的啤酒都好！到了青岛一看，正如我祖父讲的一样：好！他还说，走到哪儿都要多看看、多问问，看完、问完要记住喽，说不定哪天用得着。

1960 年正是国家困难时期，很多东西全凭票证供应。但各地的物品供应也保持了地域特色。就说点心吧，北京、上海全凭票购买。北京点心票儿，最小面额的是一两。上海的点心，论块儿供应，所以点心票儿有半两一张的，因为上海人习惯于买块点心，边走边吃。青岛啤酒是名牌，在青岛也凭票供应。俗话说美食配美器，可那时候我在青岛看到的装啤酒的器皿，不但算不上美，而且会大大影响了喝酒的欲望。青岛人用什么器具装酒？洗衣服的大盆！有铝的，有白搪瓷的，沿街摆卖。盛满啤酒的大盆前边总是排着长队，买瓶装啤酒的却寥寥无几。我就纳闷，同是凭票供应的，怎么会这样呢？我假装打酒排了几次队，边排队边和人聊天，终于弄明白了！买散装酒的，大部分住在附近，街里街坊都是熟人，这样一来就可以少用点票，多盛点儿的酒。反正钱没少付，卖酒的也不赔钱，还增进了邻里关系。现如今二十郎当岁的年轻朋友们，我建议你们做个调查，找几个20世纪60年代初和你们现如今年龄所差无几的老朋友了解了解，当年他们结婚办喜事，最希望得到的贺礼是不是油、蛋、肉等各式票证，以解燃眉之急呀。时至今日，对比之下，变化大矣。

祸兮福所倚，福兮祸所伏。福和祸经常搭伴走，单挑的时候少。到青岛以后，我和大家一起完成慰问演出任务，本来很顺利，没想到，青岛外围的演出结束、转入慰问驻市内部队的时候，我闯了个祸——没关紧鸽子笼，把变魔术用的鸽子放跑了一只。多亏爬竿演员老孟，从第一个节目《竿上运动》下来之后就带人捉鸽子去了，好在鸽子还有备份，没影响演出。但是在魔术最后一托活——飞无线电时，出了个大笑话：

舞台上，一个小茶几，魔术师走到近前，铺上一块布，手轻轻一挥，即刻布呈一长方形状，并传出优美动听的音乐。显而易见布下边是个无线电。魔术师突然间抓起台布两角，向舞台中心扔去，台布平稳落地，无线电不翼而飞。此时，助演走上台来，提拉台布一角，进了后台，观众掌声起。

每次助演者即是爬竿的老孟。观众一看，前一个节目的主演来做助演，掌声更加热烈。今天可麻烦了，老孟捉鸽子还没回来呢，舞台监督临时找了个人，叫他把布拿下来。忙乱之中，也没交代他怎么拿。其实提拉着下台来就行了。因为布里就夹着块三合板儿，没有别的秘密机关。这位新手走上舞台，迟疑了一下，双手托着台布里的三合板儿往台下走，这下观众看出门道来了，响起了哄声，有位观众喊了声："嗨，他又给变回来了！"观众哗然！

吃过晚饭，我就做好了开班务会时挨批的思想准备。结果没开！没开的结果，是我一宿没睡，净想这件事了。在第二天上午开的班务会上，我主动做了检讨。这件事过去五十七年了，因为这是我入伍后第一次挨批，时至今日难忘战友对我的热诚帮助。也难忘个别人无限上纲：他愣说我和鸽子心情一样，把部队视为牢笼！我就奇怪：这人和飞禽怎么能相提并论？你怎么知道鸽子的心情？说我是诚心放了它，还它自由，这都哪的事儿啊！最难忘的是老队长语重心长对我的规劝，他说："不要怕挨骂，不挨骂，长不大。特别是相声演员，更要做好时刻挨骂的准备，因为众口难调呀。不要纠结于他人的评说。"他这句话对我特别有启发，不仅平定了我的不满情绪，更成为我之后做人的座右铭。老老实实，认认真真，拿得起，放得下。

我到文工团以后，边学习边实践，在1962年5月随慰问团去西藏之前，基本上形成我四叔说什么段子我在后边也使什么活的格局，他使《一封信》，我也得使这块活，目的就是为了下基层演出时分组好分，甚至发展到《跳出小圈子》这个段子从一开始就分了AB组。《昨天》这么大的活，我根本拿不动，可也要分两组人马。这次下部队中，因为风大浪高，中途换船，原去北麂岛的改去南麂岛，人换过来了，服装道具没换，结果没演成。如果我们演出之前，每个节目都分成AB组，也许就不会因为出现特殊情况影响演出了。于是我顺势谈了自己以上这些想法，老队长表示同意。他明白啦，他懂我啦。他指出，想争取更多的演出机会，这没什么不对，关键是得有站得住的好作品！台下有作品，台上才能受欢迎。从谈话那天起，我就朝这方向努力。

奋战高原

甲:说起海军,您的脑海里会立刻闪现出水兵的形象。

乙:海魂衫,蓝白条儿,一道儿一道儿的。

甲:水兵帽,没帽檐儿。

乙:后头有两根儿小辫……

甲:那叫飘带。

乙:水兵服,有个小围嘴儿,挪后边去……

甲:那叫披肩。

乙:披肩上有两、三……

甲:四道儿。为什么四道儿?

乙:五道多了,三道少了,四道儿正合适。

甲:它代表祖国四个大海——黄海、渤海、东海、南海。

我说的相声《说海》,形象地介绍了水兵。水兵爱大海,海军离不开海。可是在1962年,我们这支长年在海上转悠的海上轻骑兵——海政文工团曲艺杂技队,破天荒地离开了海,在青藏高原战斗了七个月。

1959年3月19日,西藏上层反动分子指令叛乱武装向驻拉萨解放军和地方机关发起进攻。解放军部队通过广播一再劝阻、警告,长达六小时,仍然无效。20日10时,解放军奉命还击,拉开了平定叛乱的序幕。1962年3月,西藏平叛全部结束。

1962 年 5 月 4 日,由总政歌舞团、战友杂技团、海政文工团曲艺杂技队组成的军委总部慰问团,由总后干部部部长、宣传部副部长带队赴藏。

如今,坐飞机可直达拉萨,坐火车,在车上就可以吸氧,进藏的、援藏的常来常往。20 世纪 60 年代初可没这么方便。我们从北京乘火车到西安,演出一个星期,然后再坐火车到兰州市,慰问兰州军区所属部队,两周后乘车进藏。坐什么车?解放牌大卡车。从离开兰州,到从四川成都登上返京火车之前的六个半月的时间里,我们的交通工具就是解放牌大卡车。为了防止流窜的叛匪骚扰袭击,我们乘座的车子组成车队一起行进,最前边是两辆摩托车开道,紧跟其后的是四辆吉普车,然后是十几辆大卡车,浩浩荡荡。一车一组,选派一名年轻力壮的同志照顾两名司机。

当年,我 20 岁,首当其冲。照顾司机者,优于他人的是坐在司机楼里,减少些颠簸之苦。苦于他人的有两条,一是在车没进兵站、车上演出道具没卸下之时要睡在车上,而且要子弹上膛,确保安全。这是我第一次接触真枪实弹,紧张。就怕来坏人把枪摸走,枪丢了是要受处分的,所以在车上睡不安稳。二是时常要比大家早起一点儿,干什么?出发备车,给司机打个下手。高原汽车兵真是辛苦:路难走,车难开,皆因是高原气候恶劣实在坏!"一二三,雪封山;四五六,泥石流;七八九,路难走;十冬腊,人害怕。"这是当年司机们编的顺口溜。

战士们恐惧,我们更害怕。解放牌卡车,后轴有四个轱辘,仨半轱辘在路上,半个轱辘在路外边,路外边不是悬崖就是陡坡,坐在车上往山下看,有掉下去的车,也有推下去的车。为什么还有推下去的?当年川藏公路上有不少这样的路段——单行线,两头有道班

129

的师傅把着,指挥车辆或是前进或是等待。在这样的路段,车若是坏了,没法子拉回去修,就直接推下去了。青藏公路路宽好走,但天气变化无常。汽车兵异常辛苦,只要出车,就得早起个把小时烘车,缸暖了才打得着火。有时候木柴潮湿点不着,汽车兵就扯出棉衣里的棉花蘸上汽油点燃木柴。所以高原汽车兵,特别是副手,在执行任务中穿件破棉衣是司空见惯的,不足为怪。在行进中,我坐在驾驶楼里要和司机说话聊天儿,免得他们犯困。车一停下,我和副司机下车,到车后共同解开车棚,放好梯子,搀扶车上的人顺序下车。内地的人初到高原,千万不能跳车,不能动作太快。老"高原"都是如此传授经验给初来乍到者的。

我和汽车兵朝夕相处,长达半年之久,对他们的生活、疾苦、想法,逐步了解明白、懂得。文艺工作者要随时随地深入生活,这半年给我提供了好时机。事隔十年,1973年,我创作、演出的相声《喇叭声声》,写的就是汽车兵。试演时,海军司令部汽车队的司机们诧异地问我:"常老师,你会开车?"我告知不会,"那怎么你比我们司机还了解司机?"当我把进藏时和汽车兵交友的故事讲给他们听了之后,他们恍然大悟。进藏给我提拱了深入生活的平台,生活的深入给创作搭了个结实的跳板。《喇叭声声》成了我个人作品的成名作。《中国曲艺志》有如下辑录:"'文化大革命'期间,相声被勒令停演,但人民群众还是喜爱它。1972年马季改编了铁道部第三设计院创作的相声《友谊颂》,在国庆游园会上演出受到了人们热烈欢迎。接着(1973)常贵田编演的相声《喇叭声声》,也获得好评。相声冲破禁区开始复苏。"这是我进藏慰问的一大收获。

生活是创作的源泉,我从进藏开始,我四叔常宝华就提醒、叮嘱我要多观察、了解生活,并且给我具体布置了了解藏族语言和汉

130

族语言对同一物件的不同说法的任务。这是我四叔带我搞创作的开始,也可以说:我和四叔常宝华正式合作创作作品是从那一次进藏开始的。我把搜集到的素材提供给他,他再筛选、取舍,编入作品之中。于是,相声《学藏话》诞生了。回到内地后,这个段子使用了一年多的时间。在紧张的演出当中,还想着创作,我四叔以自身的行动,身体力行地教育着我。

为"增阅历",我努力搜寻着。西藏的生活真是丰富多彩。

地处高原,日照时间长,平均每天有八个多小时的日照,接收的阳光强了、多了,东西长得好,个儿大! 拉萨的圆白菜小的像保龄球,大的有脸盆那么大。白萝卜有半个胳膊长。小动物更有特色,乌鸦又肥又壮,叫唤的声音跟小狗似的,开始我们很奇怪,这树上怎么会有狗哇? 看见了,才明白:是我们拿乌鸦当狗了!

地处高原,气压低,甭管蒸的、煮的、熬的、炖的,都不到 100 摄氏度就开锅。锅炉里烧的水,不到 90 摄氏度就滚开了。现在,西藏几乎家家有高压锅,那时候只有机关单位大食堂才配备大个的高压锅。我们住的大部分是兵站,所以我们经常吃皮黏馅生的煮饺子。一方水土养一方人。藏族同胞的居所亦有牧区、农区之分,牧区的牧民多吃些牛羊肉。农、牧二区藏族同胞都吃酥油糌粑,喝青稞酒,最有特色的是酥油茶。藏族同胞把母牦牛的奶水挤出来,放进特制的木桶里,人工一下一下地搅动,把水和奶分离开。那可真是从纯牛奶里打出的奶油,绝对不含三聚氰胺! 不过,这酥油的味道汉族同胞一般接受不了,因为不是打出来就吃,而是把打出来的奶油放在皮口袋里,挂在屋檐下发酵,多咱放得——用北京话来形容——放得哈喇味儿了再吃。有点儿像国外的"芝士"。这就是藏族同胞冲茶、团糌粑必须添加的酥油。俗话说十里不同风,一个地方

131

一个口味,我这个喝豆汁儿长大的北京人,就算再喜欢豆汁儿那种特殊味道的食品,叫我改成嚼榴莲、蘸虾酱、抹芝士、就酥油……也接受不了!当时,西藏歌舞团团长的夫人,不但给我们讲了她由上海进藏三年,口味一直改不了的亲身经历,而且亲自动手团了一个糌粑让我们品尝,跟您说实话,去的几个人,一上午只有仨人放嘴里尝了尝又吐了,其余的愣没敢往嘴里放。

地处高原,藏族同胞的生活用品皆有特色。藏族同胞不烧煤,烧牛粪、木柴、少许的木炭取暖。藏族同胞穿的靴子不是皮的,不是布的,而是用牛毛织成的"氆氇"制成的。藏族同胞小朋友长得挺好看,男孩子大部分卷花儿头,女孩儿多是大眼睛,皮肤也细嫩。可能是光照的缘故,大了皮肤反而粗糙了。后来我们才发现,藏族同胞女孩子把羊血、鸡血抹脸上当"护肤霜"用,天长日久,皮肤能不粗糙吗?!各位看官,我说的这都是1963年的事儿,那时候物质条件不好,成年累月地涂抹护肤霜?抹不起!别说,有一样儿东西,当时西藏比内地便宜多了。什么东西?手表。西藏的手表便宜,据说是从尼泊尔、印度进来的。我们都想买,可不能买,因为有纪律,不许买。其实,就是让买也不会买,因为当时在西藏大部分是以物易物。拉萨八角街就有换手表的,麻袋装着大罗马、英格、瓦斯真等名牌手表,从里边掏出一块,让买方看,不满意,扔进去,重挑。买方说这表不结实,卖主拿出个核桃来,用这表砸核桃,核桃开了,表还继续走着。您瞧,藏族同胞多实在。

由于地处高原,西藏的建筑物大部分依山而建。建议看官您买张布达拉宫的图看看,便一目了然。另外一个特点,建筑物大部分是为佛而建。我们在西藏的几个月中,走到哪儿都有寺庙。"拉萨"在藏语中就是"佛地"的意思。布达拉宫既是宫殿也是几世达赖灵寝之地，共 13 层，999 间房屋，那是吐蕃王松赞干布为迎娶大唐文成公主而兴建的，日后成了历世达赖喇嘛执政之地。

在拉萨我们参观了三座大寺庙——哲蚌寺、色拉寺、大昭寺。印象最深的是大昭寺。大、小昭寺分别供奉着尼泊尔公主和文成公主带进藏的释迦牟尼等身佛像，所谓等身意即和佛本身身量相等。两尊佛像，一个是 8 岁时的，一个是 12 岁时的。随着佛像的增加，供奉之所——庙宇也增多了，大小昭寺周围早已成了寺庙群，前来朝拜的人络绎不绝。"只要工夫深，铁杵磨成针"，庙前的石板被磕长头的朝拜者磨出一道一道的沟。

看着这些沟，我告诫自己，业务要练！练！练！只要用功，一定会出成绩。

大昭寺最引人注目的、让人最难忘的是一块石碑。此碑高三米许，宽有一米多，碑上净是窟窿，有穿透了的，有没穿透的，深浅不一，这是为什么呀？当陪同人员将这碑的名称介绍后，我们恍然大悟，这碑叫"种痘碑"。清朝乾隆年间，朝廷派专人、拨专款进藏，向藏族同胞传授种牛痘疫苗，防治天花。为颂此举，立碑纪念，诏告天下。后因种种原因，中断此事，天花肆虐，不少藏族同胞特别是藏族同胞幼童因出天花身亡。朴实的藏族同胞只能求神佑护，用手指摸、蹭石碑，以表虔诚之心。天长日久，石碑上磨出不少洞洞。新中国成立后，援藏去了不少医护人员，带去不少防病疫苗，解救了大批受苦受难的藏族同胞。当地部队领导对我们讲，平叛后，以英国为首组成的十五国记者团，经过采访调查，得出一个结论：如果不平叛，如果不改变当时的状况，不出几年，西藏人口将由于包括天花在内的四大原因而减半！五十年前，我们去大昭寺参观的时候，也曾摸过这块碑，为各民族的孩子们祈福。据报道，为保护文物，今

昆仑山口留影

日西藏拉萨大昭寺内的"种痘碑"已用围墙围起来了。

高原地带天气寒冷，为了适应西藏的气候我们换了装，发了绿色的棉衣棉裤，还有皮大衣、皮帽子、皮暖靴。您看，这张相片，是我们过昆仑山口时留下的（口字后边的就是本人）。当时大约是九月份，在北京还穿着衬衫呢，在海拔4700米的青藏高原，就得穿皮大衣了。

由于地处高原，一年中大部分时间比较寒冷，所以当地部队吃的、用的大都按冬季做好准备。不过，也有夏天专门使用的特殊"装备"，分发到特别的连队。说它特殊，是因为当时我参军虽说只有五年，可也去了不少部队，这是第一次看到部队发这种新鲜的"装备"。说它特别，不是这支部队特别，而是这支部队因为配发了这种装备，才显得特别了。您看到这里，一定会说："常贵田，你别卖关子啦，到底是什么东西？"说之前，得先问问您，您看京剧吗？在戏台上，凡是有皇上或者有娘娘出场的时候，一定有太监随同，太监手中抱着一把二尺来长的棍儿，棍头儿上绑着白马尾，经常甩来甩去的。我问过我的弟弟贵祥，他在中国京剧院工作，先唱戏后导戏。我问他，戏班管这个道具叫什么？他告诉我此物俗称"蝇甩儿"，学称"拂尘"。不单太监拿，戏曲中的僧道、神仙、妖魔鬼怪，都拿着。他还嘱咐我看看老舍先生的大作《老张的哲学》，里边有对拂尘的专门

134

描述。最近我翻了翻,书中这样写道:"(兰先生)手里一把白马尾拂尘,风儿吹过,绸大衫在下部飘起,白拂尘遮满前胸,长头发散在项后。上中下三部迎风飘舞,真是飘然欲仙。"写得真好! 写活了! 我又上网查了查,对拂尘的介绍更是详尽。您若有时间、有兴趣,您也查查。1962年还没互联网呐,那时候我们查不了!

我们上高原的第一站是格尔木,到了部队第一眼看见的是站岗的警卫,右胳膊挎着冲锋枪,左手就拿着根牦牛尾扎成的"蝇甩儿"。不是一个战士拿着,所有上岗的战士,人手一"甩"! 进到屋中坐定一看,墙壁上也挂着两三把"蝇甩儿"。这是为什么呀? 连队的领导来看望我们,讲了缘由,我们才如梦方醒。格尔木地处青海省,一条大河穿市而过,市北边是大盐湖,市南边靠着大山,越走越高。山根处杂草丛生,盐湖里的水和海水相似,零下四摄氏度才是冰点,夏季温度高,这样的环境适合蚊子繁殖生长。这里的蚊子不像北京的蚊子夜里活动,大白天它也叮人,站岗的战士不能走动,所以配发"蝇甩儿"轰蚊子用。这真是:紧握钢枪把敌剿,飞舞蝇甩防虫咬! 而配发给我们是为了我们去洗手间时用的。现在叫洗手间,一听就是四白落地,恭桶水冲,绝无异味,更无蚊蝇。那时候,甭说洗手间这级别,连厕所那级别都够不上,"方便"的地方,就是四面透风的大茅房。那蚊子能少得了吗! 边蹲下解手,边舞动蝇甩,防止蚊子"狂轰滥炸"!

看到此处,您一定会说:"常贵田,可以呀! 给自己的作品做个推介? 来个广告? 此法是不是有哗众取宠之嫌啊!"其实不然。写回忆录就得实话实说,我的本意是告诉大家,特别是告诉那些有意步入文艺圈的年轻朋友,别光看见演员光鲜亮丽的一面,演员成长的过程挺苦的,甚至苦不堪言呐! 您不信? 有事实。请看当年6月中旬总后王钊干事在青藏公路一座桥旁拍下的演出纪实。面对您的是我,我的四叔常宝华给我捧哏。观众呢? 在我们对面两米多远儿的山坡上席地而坐。观众是谁? 拉我们的汽车兵和兵站派来帮助文工团搬运道具箱、服装箱的十几位战士。本来我们的行进路线是从照片中桥的右边进口,过桥,向桥的左边前进,这本是极其简单的,一把轮儿的事儿,但是因为桥背后的山上发生泥石流,滚下来的石头把很多木板砸断了。车过不去了,怎么办? 唯一的办法就是:这边送,那边接。这类的行动, 对驻守部队来说是常事儿,对我们来说,可是"大姑娘坐轿——头一回"。送我们的车到桥头后,卸下车上的道具箱、服装箱和行李,人背肩扛走过桥去,再装到那边等候的车上。桥上可行走的木板,只有中间三块,偏左偏右,都有掉下山涧的危险可能。要是只身前进, 再互相照料点儿,会顺顺当当过去,可我们是满满当当两车东西啊! 光服装立箱就是六个,那时候的箱材又不

青藏公路上的演出

像现在,都是铝合金的,轻得很。那时候箱子都是七合板、包铜角的,再装上真材实料的演出服,哪个都得百十来斤,杂技道具箱更是死墩子烂沉! 还不能俩人或四个人抬,否则在后边抬的人的视线被箱子挡住,看不见道儿,如果一脚踩空了,连人带箱子就全下去

了！所以甭管重的、轻的，箱子都是一个人背。据气象预报，当天有大雨。驻地部队的战士们也告诉我们，别看这会儿阳光灿烂，过不了半个小时，就是瓢泼大雨，所以转运必须在半小时之内完成。真的是：上边石头掉，下边烂板翘，背着大箱子，慢步过铁桥。这样的转运，在青藏公路、川藏公路（当时叫康藏路）上，长长短短、长短不一地"玩儿"过四回。这张照片记录了我们叔侄俩分别扛过箱子之后，又从桥那边跑回来，为感谢帮我们扛箱的兵站战友，为战士们做了简短的演出。在西藏7个月的日子里，我们天天就是跑来跑去，雪里来雨里去，风里来土里去……您看看相片中我们爷儿俩穿的棉军装，那是新的，刚发的，穿了不到个把月，都脏成什么样了！

　　用"跑来跑去"来形容一点儿不夸张。格尔木位于青海省，我们往北慰问了该省大柴旦地区直到甘肃省红柳园一线的驻军，中途还去了趟敦煌，参观了石窟。在格尔木待了二十余天，既慰问了部队，也初步适应了高原气候，这是为下一步进藏打基础。之后开始进藏之行，经长草沟，走纳赤台、不冻泉、五道梁、二道沟、花海子、沱沱河、通天河，到唐古拉兵站，过了唐古拉山口，第一站是安多买马，然后继续向南走那曲，进当雄，经羊八井，进拉萨。一路上边走边演，一个兵站不落。慰问部队的同时，也欢迎当地藏族同胞前来观看。在拉萨的两个多月时间里，我们分别为党政军民和僧俗二众组织了专场演出。"八一"建军节在罗布林卡搞了一次军民联欢游园活动，将藏汉团结推向新高潮。在此期间，又赴曲水，到林芝，在墨竹工卡、工布江达分别也进行慰问演出。海政文工团曲艺杂技队离开拉萨后，沿川藏公路向东走，继续进行慰问演出。第一个演出点就是昌都。我们海政文工团曲艺杂技队，在这个历史名城，创造了"演出之最"。

　　1962年6月中旬至11月这一段日子里，印度侵略者不断犯我边境，中国人民解放军奉命还击，展开了一场中印边界自卫反击战，打出了军威，打出了国威，打击了当时国际上的反华势力，打击了企图分裂西藏的反动上层。当时入侵的印军在我西藏西起邦迪拉、东到瓦弄一线摆开一字长蛇阵，我军指挥官之一的刘伯承元帅根据入侵之敌的态势定下"打敌之头，切敌之尾，击敌之背，剖敌之腹"这一破敌之策。昌都就在瓦弄北面，从四川调过来的部队，多是进昌都南下到瓦弄前沿。一车接一车的战士，乘车快速行军。可苦了司机，昼夜行车啊。为保证安全，保证部队准时到达指定战位，上级指示部队采取歇人不歇车的办法。昌都是个中转站，车队到这里，换司机，车加水，车上的战士上厕所，灌水壶，赶上饭口就开饭。我们曲艺杂技队在昌都的时候，正赶上部队上去。责无旁贷，我们也立即行动起来。没有队伍来时，我们全队集体帮厨，队伍一上来，接待的接待，准备演出的做准备。每当此时，我的任务就来了：

> 深入部队，了解材料，
> 现编现演，等同快报，
> 表彰先进，大喊大叫，
> 战士爱听，领导需要！

这个行动准则，是我在赴藏离京前，向我们曲艺杂技队张锁庭队长做的保证。我参军以来，曾陆续参与、完成与此同样的工作，给他留下了好印象。赴藏慰问，他提议并力主把这项任务交付于我。入藏半年多的实践，我更加得心应手。现编现演，不但要快，还要词句通顺，更要切合部队实际，演员唱起来朗朗上口，好记好背。我们曲艺杂技队所到之处，在每个地方演出过后，都要开个座谈会征求观众意见，观众代表每每对我们那么快就把部队的好人好事反映在节目中的做法给予好评。这更加鼓励我们坚持不懈、坚定不移地搞好现编现演。平时需要现编现演，战时更需要这一简洁明快的演出形式来表彰先进、鼓舞士气！在昌都，战士上来一拨儿，我们就演出一场。最多的一天，24 小时内上来十七拨儿，我们演出了十四场。十四场中，节目可以轮换，演员可以倒休，现编现演每场必有，这就要求我在有限的时间内不断搜集素材，快速写出新作品。虽说领导照顾我，让我写完了不上台演出，少演了两回集体快板，可我还得替换我四叔完成相声的演出。里外里，还是十四场！据我所知，十四场，这个数字创下了一天演出场次的最高纪录！而且，我们每场演出都在一个至一个半小时左右。为什么？因为交接车辆、加水、查车，特别是做饭，需用这么长时间。演出中，我们演着演着，指挥部的参谋一来报信：饭熟了！我们演出立即停止，看演出的战士们就地开饭，因为演出场所用的就是兵站饭堂。看完演出，半个小时吃过了饭，就地集合车前站，活动活动串一串，互相道别说再见，哨音响起上了车，部队开拔奔前线！

读者朋友，您发现了没有，我在这节回忆录中，好几处写的都有辙有韵，真是习惯成自然了。

就这样连续作战，几天几夜。我体会到，只要干着活儿，倒也不困不乏。可别停下，一停，坐那儿就剩打盹儿了。送部队上前线的任务完成之后，我溜溜睡了一整天，也是 24 小时。

11 月初，我们离开了昌都，赴甘孜、道孚、芦霍、康定、马尼干戈、永安、雅安，走一路，演一路，最后到达这次慰问演出的终点站——成都。回到北京时已经是 1962 年底——12 月 30 日了。

赴西藏慰问，我尽了力了，可以说表现突出，为此，团里给我记了三等功,这是我第一次立功获奖,更可喜的是参军入伍四年就立了功。正因为表现突出,我还给自己奔来个"长久的差事"——现编现演。从1962年开始,不管编制是在曲艺杂技队还是在文化工作队、毛泽东思想宣传队、话剧团、演唱队、歌剧队、歌舞团、文工团,不管在哪个团队,都是在海政文工团,都到部队去慰问演出。只要演出就有现编现演,只要现编现演,就都是我的活儿。也不知道是各团队领导交接班时把我这点"能耐"一并交接过去了,还是曾经一起工作过的战友充当了"卧底",这个活儿一直干到1984年前后,随着形势的变化,现编现演取消了。我也完成了"历史使命"。

赴藏演出的另一收获,是让团里跟我差不多的同龄人认识了我,熟悉了我,我也从中结识、挑选了我的夫人。找对象和赴西藏有什么关系?关系太大了!1962年底从西藏返京后,1963年2月随歌舞团慰问部队,第一站是山西大同。坐火车,又是慢车,旅途需要十四五个小时。这么长的时间,怎么打发?舞蹈队的姑娘、小伙儿围坐在我的周围,听我讲西藏见闻,其中就有我的夫人。我发现谈恋爱这第一印象很重要,我在火车上的表现给她留下了深刻印象。从1963年开始,我们谈了近五年恋爱,1968年结婚了。至于这五年里发生的恋爱"故事",另章介绍。您说,要不是去了西藏,能和我的战友们聊西藏吗?能从中"捞"个媳妇吗?因缘际会,去了一趟佛教圣地,老天恩赐了我一个好媳妇。

从西藏回来,我就把演出服装——大褂和礼服,送到洗衣店洗了。取回来后,顺手挂在西单家中的衣柜里。我妈不知道哇,如老闻见屋里有一股股膻味儿,到处找,最后才发现是我的演出服泛味儿。7个月,天天挨着酥油,不是酥油茶就是酥油灯,衣服都被"熏"得有酥油的味道了。

研究"动力"

在我创作的相声段子当中，你要问我哪段是自己最喜欢的作品，我会毫不迟疑地回答你：《动力研究》。因为那里有回忆，有未来，有伤痕，有探究，有自己的生活，有朋友的寻求，有失败的教训，也有成功的微笑。

《动力研究》是我 1979 年的作品。在这之前，我独立创作和合作的作品有《鸡蛋哪儿来的》《喇叭声声》《保卫西沙》《帽子工厂》《百花迎春》等。《动力研究》之后，我独立创作、改编、合作的作品有《不可"就要"》《杂谈诸葛亮》《祝你成材》《救火的诗》《街谈巷议》《特别任务》《攀龙附凤》《如此朋友》《铃铛谱》《戏说国学》等。

《动力研究》录了音，录了像，还拍摄成电影。想当年，我三叔常宝霆、四叔常宝华曾经在影片《花田八错》《锦绣歌城》中扮演角色。上一辈儿干过的事，我们这辈儿接着再实践，代代相传。我和我四叔拍的电影，是把相声用电影的手段、技法记录下来，相声脚本是我写的，电影分镜头是我在电影导演提示、启迪下提交的方案，由四叔常宝华指导，可以说，这部片子给相声事业闯出了一片不大不小的"新天地"。《帽子工厂》《动力研究》都拍成了电影，前者是八一电影制片厂拍的新闻纪录片，后者是新闻纪录电影制片厂拍的艺术片。您瞧这事儿，俩厂倒着来！八一厂选择的场地是京西宾馆礼堂，多亏有观众。满满的观众，真热情！有了观众就好办，我们就跟演出一样，导演喊了声"开拍"！我们爷儿俩在掌声中走上台，弯腰，

141

鞠躬，刚抬起头，我就喊了声停！为什么？化妆师为了增加我的"颜值"给我粘了一对双眼皮。上台一鞠躬，掉下一个来！这模样甭说"增值"，跟毁容的效果差不多啦。新影厂选择的场地是新影厂往西的街心花园。拍新闻的最擅长的是不是调动群众、集成新闻热点？我想是这样。拍的时候一看，我也乐了，公园里只有一对恋人以及我和我四叔，没别人！这不行。导演、制片和我又通过多回研究、几次修改、反复试拍，才通过了。为什么拿我做试点？导演说一是我年轻，接受新事物快，二是这个作品是我写的，有商量、修改的可能，这么做就是给摄制组立个"前车之鉴"，后边几段就顺畅好拍了。正因为如此，我才敢说开创"新天地"一语。其实我是名副其实的试"演"品。

这两次"触电"之前，我曾应上海电影制片厂之约，赴沪拍摄短片《追悔》。从此"上瘾"。《海马歌舞厅》《马大姐》中我各演两集，《甜蜜的新事业》中我饰演县长。最难忘的是在《东西南北中发白》中，葛优的父亲葛存壮葛老爷子演我爸，演胡汉三演出了名的刘江老师演我叔，当年因饰演"二妹子"红遍大江南北的陶玉玲演我妈，观众熟悉的丁嘉莉演我媳妇，我演大哥。此外，还有倪大虹等仨兄弟。

随着社会的发展、生活节奏的加快、科学的进步，人们对文化生活的需求也发生了很大的变化，我们必须认真思考：作为传统艺术的相声该怎么办？

老年人听"味儿"，青年人听"劲儿"，古今曲艺概莫能外。经过我们的努力，推动文艺繁荣发展，争取创作出一批老少皆宜的新节目，让老年人在听味儿的时候鼓鼓劲儿，让青年人在听劲儿的时候品品味儿，既是各得其所，也是乐在其中。电影、电视、剧院、书馆，尽管面向的服务对象不同，所起的作用是相同的——挺劲儿，增味儿。

写兵、演兵

　　"文革"中，四叔常宝华受到冲击。他是被批判的对象，我是帮促对象，每次批判会上，他是低头、弯腰，我是叫站起来才站起来，然后再坐下。他被监督劳动，我放了单飞。他被遣返还津，"帽子"拿在手中。我留在部队，单枪匹马，独当一面。我没有辜负我父亲、我叔叔对我的希望和培养，不但创作、演出了相声《喇叭声声》，还创作、改编、演出了多段相声，其中《盼》《线路畅通》《鸡蛋哪儿来的》受到好评，辑录在《新中国军事文艺大系》之中。

　　打倒"四人帮"后，四叔常宝华落实政策回到海政文工团，重新组建曲艺队。我和四叔正式合作，奉献给观众的第一部作品是《保卫西沙》。

　　该作前半段写景，歌颂祖国大好河山；后半段述人，讥讽敌人狼狈为奸，这段相声突破了相声的固有格式，又保持了相声用"包袱儿"推进结构这一特殊手段。观众在大笑之中，了解了西沙，并增强了热爱和保卫西沙的决心。相声《保卫西沙》给人们送去正能量。

　　打倒"四人帮"，举国齐欢畅。人们心中的压抑，一下子释放出来。我和四叔常宝华审时度势，用了两天两夜，研究并写出相声《帽子工厂》的初稿。彼时，全国人民正处在揭批"四人帮"的高潮之中，海军也在北京工人体育馆召开声讨大会。事先，我们二常要求在大会上"发言"，领导研究再三，决定在会议之后，与会全体官兵现场审听相声《帽子工厂》。审听效果,不言而喻,那才是真正的"爆棚"。笑声、掌声连绵不断,有时竟长达五十余秒。为了"让包袱儿",整个段子延时四分多钟。不久,海政文工团以"十月的胜利"为题,在北京天桥剧场连演十场歌舞节目,场场都有相声《帽子工厂》。我们也是边实践、边完善,十场演毕,《帽子工厂》大红大紫,已成家喻户晓之作。各地电台争相播出,出版单位出版发行。据不完全统计,有六十余种不同语种的刊物刊载了相声《帽子工厂》。接着,四叔常宝华又创作了《狗头军师张》,我创作了《百花迎春》,我们爷儿俩用这三个段子,参加了"中国人民解放军第四届文艺会演",均获得最高奖项。《帽子工厂》被八一电影制片厂拍成影片,广泛发行。

在港澳地区,也出版发行了《帽子工厂》的盒式磁带,不过将封面印错了,表演者常贵田错印成马季了。当我把此盒带拿给马季师兄看时,师兄笑着说:"这活不出问题便罢,出了事儿,跑不了你,也跑不了我。"

学习并大胆借鉴其他相声流派和姊妹艺术的长处,不断丰富自己,逐步形成自己独特的艺术风格,争取做一名表演洒脱流畅、语言生动活泼、夸张中蕴诙谐、细腻里见幽默、气质文雅、风格清新、给人以亲切、聪颖之感的相声演员。在这方面,我父亲给我做出了榜样。

人老心不老,职退劲不退。我叔叔常宝华在临近退休之时,再创辉煌,写出相声《追溯》,巧妙的结构,新潮的语言,足见他多年创作经验之积累。表演这个节目时,我虽年近半百,但观众反映,所塑造人物很具当代青年的特色。难为我的是:此段说是剧吧?可"包袱儿"不断;说是相声吧?作品采用第一人称,人物特点十分鲜明。今天回过头去看,那个节目让我在创新的道路上向前迈了一步,而且是不小的一步。过后,我和四叔又演出了传统相声《福寿全》,更是得到广大观众的首肯、欢迎。据此,我们叔侄二人获得 2008 年"中国金唱片奖"。

我作为海政文工团的一名演员,曾到过无数的海口、港湾、岛屿,自 1958 年始,多次参加赴前线、灾区的慰问演出活动,五次立功,2001 年由中国共产党中国人民解放军海军委员会授予"优秀共产党员"称号。

我在为兵服务的同时,也为广大观众送去欢笑,广大观众也更加认可、欢迎二常。更大程度上激励了我们的创作,要为观众演出更好、更多的相声作品。

我积极参加会演和评比活动。我认为虽然评比只是一种激励机制,很难从一斑见全豹,但总能以少积多,调动积极因素,使相声事业和相声队伍有所前进,有所提高。从最初的参赛到后来的做评委,位置变了,但目标、目的永远一致。在 1980 年举行的全国第一届相声评比中,我即获表演一等奖。在全国作品评比中分获一等奖和三等奖。在全军第三届、第四届文艺会演中获表演、创作最高奖项。20 世纪 90 年代末又连续两次获全军新作品奖,是首届"侯宝林金像奖"获得者。

随着广大观众文化素质的提高,相声演员的素质更应该提高了。我父亲生前对我最大的希望,是做一名大学生。为了提高自身素质,也为了还我父亲的愿,我从 1996 年至 1999 年在解放军艺术学院文学系创作专业学习,通过考试,成绩优秀,准予毕业。

我曾应聘担当第一届至第七届 CCTV 相声大奖赛评委,退休前系海政文工团艺术指导,享受国务院特殊津贴。

部队艺术团体,就要为巩固和提高部队战斗力服务。我和我四叔常宝华牢牢记着这一使命,创作、演出了大量反映部队生活的作品,特别是反映海军部队生活的作品。《说海》《我爱大海》出自叔叔的手笔,《特别任务》《救火的诗》则是我的力作。叔侄二人自写自演,我们努力让这块本来就姹紫嫣红的相声园地更加万紫千红!

我们常氏大家庭中有三个半人获得中国文联、中国曲协颁发的中国曲艺牡丹奖终身成就奖,得奖者是常宝霆、常宝华、常贵田,还有半个常家人苏文茂。

两张照片

在这个章节，我给您讲讲两张照片的故事。

一张是当今歌坛领军人物宋祖英、陈红、范琳琳等；另一张是为繁荣曲艺功勋卓著的马三立、常连安、赵佩茹先生等。

一张照片上是当代大腕，另一张照片上是前辈精英。

一张照片的地点是湖北嘉鱼县，另一张照片的地点是天津北大港。

一张照片上有我，中间那个穿黑色短袖衫的是我，另一张照片上也有我，右数第三个穿白色短袖衫的就是我。

1998 年和战友们到抗洪前线慰问

147

1963 年和师长们到抗洪前线慰问

　　一张照片记录的是我和战友们参加抗洪救灾，另一张照片留下的是我和师长们参加抗洪救灾的难忘瞬间。

> 六三年，倾盆大雨从天降，
>
> 山洪暴发洪水涨。
>
> 真好像成群野马脱了缰，
>
> 眼看着天津市人民生命财产就要遭灾殃。
>
> ……
>
> 暴雨大，狂风刮，
>
> 风卷浪，浪开花，
>
> 这暴雨一连下了七昼夜，
>
> 浪花飞起一丈八。
>
> ……

这洪水,来得猛,快似箭,

它一心要把天津漫,

它要把天津都走遍,

它要到大街转一转,

它要到胡同串一串,

它要把工厂机器涮一涮,

它要把自来水给换一换,

它要到三楼顶上站一站,

这特大的洪峰要把天津灌!

借李润杰老师创作的快板书《抗洪凯歌》中的词句,来介绍 1963 年那一场洪水泛滥的情况,不是为了省事儿,是为了勾起您阅读的兴趣,何乐而不为? 李老师边抗洪边搜集材料,边慰问抗洪大军边创作,抗洪结束了,《抗洪凯歌》也上演了,这就是文艺工作者的职责,也是我们学习的楷模。

1963 年 8 月,海河流域因连降暴雨,给海河流域带来严重的水害。在灾害面前,那真是全国总动员,而海军部队更是首当其冲,责无旁贷。当时驻扎天津的海军单位有两个,一个是航海保障部,一个是我们曲艺队。两个单位的成员大多等同于今天的文职,让我们去救落水者? 还得派人把我们捞上来! 抗洪大军是从舰队抽调来的干部战士们,都是精兵强将。

1963 年 3 月,建筑文工团撤消,海政文工团收编了他们的全部人马。抗洪之时,从扩编了的海政文工团里抽出二十余人,组成演出小分队,和舰队干部战士们一起奔赴抗洪第一线。其中有我。

北大港位于渤海湾边,方圆百里。1963 年时,港内芦苇丛生,鱼

149

产丰富，是一个著名的宝港。可碰上了百年不遇的特大洪水，却成了泄洪入海的重大障碍。长长的港堤把洪水迎头拦住，憋得上游各河、洼、淀的水位猛涨，像独流减河、贾口洼、东淀的水位已高出天津的屋脊，津浦线的路基冲一处补一处，几万大军日夜奋战，面对此情，中央决定：炸开北大港，保卫天津市。

陆军、海军、空军分段炸坝，工兵、水兵、炮兵各负其责。刹那间，北大港集合了上万军民，就等着上级一声令下，点火放炮。在没点火的等待阶段，部队文工团和天津的演出单位，纷纷组队，利用这个空档，来到抗洪第一线慰问抗洪大军。我和我爷爷他们就在北大港见面了。

海军总负责人、航保部律部长，看到我和我爷爷都在现场，他提议我们爷儿俩说一段。1961 年在为纪念我父亲逝世十周年组织的"常氏相声晚会"上，常家祖孙三代（包括我）说了一段《老少对》，之外再没合作过，更不用说爷爷给我捧哏了。洪水给我创造了机遇，那是我有生以来第一次也是唯一的一次和我爷爷一起"使活"，使的是《灯谜》。

《灯谜》是个基础活，说相声的大多都会。由于时间所限，我和爷爷没事先对活，上去就使，我拉出一番儿：

甲：您猜这个，一个馒头掰两半儿，里边露出黑豆馅儿？

乙：豆沙包。

甲：不对。

乙：你这是……

甲：馅儿馒头！

乙：那不一样吗！

照此表演,就没问题了。可我爷爷没这么说,当甲否定、说完不对后,爷爷没给"腿儿",没问"你这是……"而是把我那句"馅馒头"以又猜了一个新答案的情绪说出来了。当时我的汗就下来了。这就要求我必须找一个新"包袱儿底",也就是要说出一个新答案,说出一个不是"现挂"却类似"现挂"的"包袱儿底"。现场编的新词,既要在情理之中,又要在意料之外。我的脑子急速地转着,可嘴里把语言节奏放慢了。这样既符合这个强词夺理的人物的心理,也为"包袱儿底"铺垫。当然,这更为我想词儿增加点儿时间。

　　甲:一个馒头瓣……两半儿,里边露出……黑豆馅儿,既不是……豆沙包,也不是馅儿馒头……
　　乙:你这是?
　　甲:馒头里夹了一个炸糕!
　　乙:走!

我总算对付下来了。过后我想,我爷爷这是怎么了? 是说错了? "砍了牛头"? 不能! 凭他的舞台经验,不可能"砍牛头"。答案只有一个:在舞台上实地考察,抻练抻练他的孙子,看看有没有应变能力,用我们相声界的术语来说,就是看看会不会"现挂"。我这次考核及格了,现纂弄出来的"包袱儿底"响了。不是我纂弄的好,而是歪打正着:那天部队早餐吃的炸糕,晚饭吃的馒头,不少爱吃甜食的战士就是拿馒头夹炸糕吃的。过后我想,这也就是在天津,观众懂啊,因为天津的炸糕都是豆沙馅儿的。要是在南方,完! 因为南方的炸糕多是白糖馅的。

我下了场,马三爷跟我说:"这馒头夹炸糕,不错。"听了之后,我心里美滋滋儿的，心想，这是老人家表扬我了。多年之后，偶然听到马志明介绍马三爷的生活习惯，才知道马老喜吃甜食，甜的当中又最喜欢吃炸糕。听后心想，当年他说的那句"这馒头夹炸糕，不错"是夸我呢？还是夸这炸糕？还是二者兼而有之？我弄不明白了。

北大港的任务完成后，海军演出小分队又去了文安洼。文安县在天津的西南，本来就是低洼之地，为了保天津，这里成了水道，成了必涝之地，人们也把这个地方叫文安洼。文安县有个城圈儿，是比较低矮的城墙，再加上麻包、草袋垒起的防洪坝，城里进不了水，就成了老百姓临时栖身之处，等着橡皮舟、小汽艇、河驳、对漕、木船把他们分期分批运到安全地点。为了安抚百姓、组织百姓，演出正是好手段，在这关键时刻，文工团是必不可少的了。

文安县城四面是水，如同孤岛一般。风吹水，水拍城，真个是：

　　　水打莲花落，
　　　啪啪把堤敲，
　　　群声大奏乐，
　　　各自显花招，
　　　沙蓬来打鼓，
　　　蚊子吹管箫，
　　　蠓虫专扑脸，
　　　蛤蟆喊声高，
　　　长虫到处跑，
　　　蝼蛄乱摔跤。

这还是李老师《抗洪凯歌》中的词句。结合我们的实际，接写几

句,让您了解当时我们的囧状,那就是:

照明灯一照,

蚊虫全来了,

专往嘴里飞,

又叮又是咬!

少了还好办,

多了只好嚼,

吃虫大比赛,

哪个能夺标?

"我们哪里是演出,简直是吃虫大比赛。"山东快书演员赵连甲上去使了个现挂,把"吃虫比赛""铺垫"上了。我上去要接得住,就得使个"准响"的开门"包袱儿"。一种是"就坡下",接着他的使,一种是因为……有了,就使它!上!上了台,刚说两句就做出用手从嘴里掏虫子状。这可就"响"了。其实,这种表演正是常氏相声的表演特色之一。比方说,我小九叔常宝丰,在1961年"常氏相声晚会"中,和朱相臣先生说的《报菜名》,为了增加乐趣,丰富表演,宝丰在"念趟子"的时候,从场面桌上拿起手绢,给朱先生擦嘴,一个老、一个小,一个人馋、一个馋人,二人演得淋漓尽致,笑声、掌声连成一片。这种动作性"包袱儿"用得好、用得巧、用得俏,一定会使活增色不少。我三叔常宝霆和白全福先生表演的《大审》,其中对长衫纽襻开启的处理,特别是掉鞋的安排,就是给我们年轻人留下的经典之作。当年在看他们演出时我就叮嘱自己:"记住了,早晚能用上。"这不,用上啦!我按照原来的路数,重新结构、调整了这个包袱,相声

153

虽然要求灵活,但不能趟水,不能打无准备之仗。按照想好的路数,上台后,说一两句,我就从嘴里掏虫子!掏出来半把之多。读者一定纳闷儿,嘴里边虫子真有这么多?哪儿能啊!虫子再多,也不可能一下子全飞到我嘴里去!我在后台就准备好了,捉了几只个头儿大点儿的虫子攥在手里,就如同魔术演员"卡活"(准备工作)一样。我上了台,一鞠躬,就开始了"无实物表演"。接着我又现挂:

　　甲:今天这"吃虫比赛"冠军肯定是我,决不会是赵连甲老师。

　　乙:为什么?

　　甲:我比他年轻啊!

　　乙:年轻怎么啦?

　　甲:蚊子、虫子也爱吃嫩的。(若现在使"小鲜肉"更响)

　　乙:啊?

　　甲:更主要的是观众爱听相声。您一欢迎,我就该多说,多说就得多张嘴,蚊子、虫子进来的就多,是大家的掌声给我创造了夺冠的机会,我得谢谢大家了!

　　掌声、笑声应声而起。做个演员,最大的幸福就是受到观众的欢迎,得到观众的认可。掌声越热烈,我越"人来疯"!俗话说得好:不吃苦中苦,怎做人上人?"人来疯"首要的是的吃大苦、耐大劳啊!只有演员的苦,才能换来观众的乐!老话儿说:"要想人前显贵,必得背后受罪。"当时的环境,不用等到背后,当时就得受罪,当我从嘴里掏出挂达扁儿、蚂蚱、萤火虫的时候,也正是观众的掌声、笑声最热烈的时候。

154

　　一张照片上的故事讲完了，接下来再给您说道说道关于另一张照片的"人来疯"的故事。

　　1998年的洪灾，读者您定是记忆犹新，不用赘述。8月底我们接到命令，到灾区慰问抗洪军民。9月1日清晨，慰问小分队一行13人来到良乡海军机场。时任文工团政委的左津玲临上飞机前给了我一张日程表，起飞后才仔细地看了看：

　　演出场次：一号至四号，四天演九场，也就是其中三天每天演两场，剩下一天演三场。这样的安排，对我们来说，习以为常，没问题！

　　演出场地：除最后一场在海军工程学院礼堂外，其他均在干堤、水坝、防洪堰，这比1963年时候的条件强多了，习以为常，没问题！

　　演出地点：9月1日9:30北京出发，11:40到达江西九江演出，过后赴武汉，16:30开始演出。跑来跑去，甚至赶场，习以为常，没……不，有问题！11时到16时，5个小时的时间，除演出一场外，还要从江西赶到湖北？！据我所知，九江没有开通到武汉的航班呀。日程表印错了吧？我带着疑惑问询团领导，他回答得很清楚：没错！上级就是这样安排的。因为根据气象预报，这两天还有大雨，我们必须在这之前慰问抗洪军民。总指挥部已经安排一架运送物资的直升飞机在九江待返，等接了我们，返航回武汉。

　　真是时代在发展，社会在前进。坐着飞机抗洪，坐着直升飞机赶场，可不是习以为常，这是有生以来第一次。

　　湖北嘉鱼县，在武汉的西南，是有名的湖区，盛产莲藕。每到采藕季节，三四百个采藕专业户蜂拥而至。前些日子，有个电视片《舌尖上的中国》还专门介绍过嘉鱼采藕的场景。1998年的几场连绵不断的暴雨，冲毁了房屋，冲断了公路，冲垮了堤坝，也冲跑了莲藕！

　　俗话说水来土掩。挖土，装袋，扛包，打桩，垒坝……总之是黄

155

土大搬家！抗洪战士连续奋战十几个小时，那是常事儿，肩扛手传，太辛苦了。每到一处，部队领导都给我们介绍灾情和抗洪经过，另一张照片记录下了这珍贵的一幕。我和王佩元说的相声，开门见山，头一个"包袱儿"就沿续着照片说起：

> 甲：刚才，部队首长领我俩走了走，看了看。
>
> 乙：介绍了灾情，介绍了大家抗洪抢险的事迹。
>
> 甲：给我们上了流动的一课。
>
> 乙：……那叫生动的一课。
>
> 甲：走着说的。
>
> 乙：……是流动。

相声没"包袱儿"不行，没有"肉中噱"净是"外插花"更不行！我们把听到的、学到的、感悟到的，尽可能地通过相声结构"包袱儿"的特殊技巧，现编现演到段子当中，抗洪战士们听到相声里边说的是他们自己的事儿，掌声四起！当我说出在座的战士中某一位的姓名时，战友们是欢声一片！"包袱儿"更让大家放声大笑，会心的笑。笑声、掌声、欢叫声交织在一起。

战士的热诚鼓舞着我，同行的同人们的行动也在激励着我。同行的歌唱演员有宋祖英、吕继宏、范琳琳、陈红、董青、孙维良六位同志。他们是演出的主力。您算算，一首歌，长一点的四分钟，短一点的三分钟，每个人唱三首，平均每人十分钟，六个人就是一个小时。一般都是如此计算演出时间的。他们每个人都有自己的主打歌曲，观众熟悉，观众爱听，观众拼命地鼓掌！这种情况，在剧场里好办，主持人上去一压，演员就下去了。在抗洪一线不行，特殊的环境,特殊的演出,就得以特别的热情来满足这些风里来、雨里去、将生死置之度外的抗洪战士们,不这样做我们总觉得对不起战友们。六位歌唱演员搞起了大比拼,你唱仨我唱四个,你唱四首我唱五首,到宋祖英那儿,观众更是热烈欢迎,不唱到六首决下不来,经常得唱七首。演员"人来疯",受益者是抗洪的官兵们,观众的热情也达到了顶点。这样一来,我的战友和我都卯足了劲,可真够累的。一天要是演一两场还真没问题,可不止一两场啊!就拿9月1号来说吧,连演三场。在三场演出之间还抽调演员到炊事班、警卫连、卫生所给没看到演出的战友唱两首歌,说两个相声小段。您算算,这是多大的劳动量。

13人组成的演出小分队,在抗洪一线表现突出,回到北京,上级领导研究来、掂量去,表彰谁呢?每个人都够资格。结果,给了个集体三等功。

上级表彰固然重要,但作为演员最希望得到的还是观众的认可。2000年的时候,我随团到南海慰问部队,在湛江又遇到抗洪的那支特种部队,老战友相见,我在台上说了句"见到你们格外亲"!嚯!一下子从台下蹦到台上四位战友,又献花,又拥抱……弄得我和佩元都有点儿不好意思了。一来是突如其来,没有思想准备,二来……她们是女兵连。

演出过后,我们征求意见,小女兵直言不讳:"文工团这次来的没有抗洪那次好。上次人少腕儿多,这次人又多,腕儿又不齐。我们希望腕儿都来,都来我们看着过瘾,再说,人少我们也好接待。"战友们的希望基本一致。多年的军旅生涯,让我了解了、熟悉了战友们的需求。一言以蔽之——少而精。

品苦说乐

现在有一种说法叫"一夜成名"，我不同意这种说法。我们团的腕儿也好，友团的腕儿也罢，哪个不是经过刻苦拼搏、不断发掘艺术潜能、逐步提高表演能力，才被广大观众认可的？一夜？一百夜也不行呀！台上一分钟，台下十年功啊。只此还远远不够，他们都做到了"人来疯"，文化为民，文化惠民，文化娱民，热诚地为民服务，得到民众的认可，才逐月、逐年、逐步、逐级地"成名成家"！吃得了苦，是当演员的首要条件。前面说过，从1960年11月到1961年6月，七个月的时间里，我们从浙江省到达福建省，向东再向南，七个月呀，大大小小近四十个演出点，其中有三十余个岛屿。我们跳过嵊泗列岛、花岛、浪岗，先奔东福山。为什么？因为到浪岗航程虽近，但难度加倍，浪岗浪岗，无风三尺浪，所以先到东福山，为的是小试牛刀。这是规定的路线，这里就是慰问的第一站。到了东福山，就给我们一个下马威，一个多小时，风大靠不上码头，只得改乘小船。您要知道，我们是早晨五点半出发的，在海上已经漂了三个多小时。部队是在山上驻守，这就是说我们还要爬50分钟的山路，才能见到比我们更辛苦的战士。战士们更辛苦，一部分早就下山来，等着接我们，共同搬道具，倒小船。我们吐，战士们也吐，吐得就剩胆汁了，能不苦吗？岱山、长涂、舟山、定海，今天都是有名的旅游景点，汽车直通上下，那时候，全靠两条腿，如今要爬着上去也许还能找到我们当年的足迹呐。岛上最困难的一是水，二是房。脏衣服，回到陆地

158

才可以洗。到了洞头岛我和李洪基合住一间房，其实那是一间小仓库，里边放的是黄豆。这黄豆是一宝啊，赶上刮风，送菜的船来不了，这黄豆就既是主食又是副食了。洪基胖，战士给他找了个单人床板放在地上，睡了一宿觉。我瘦，战士搬来三个炮弹箱，困急了，躺在炮弹箱上的感觉好

到基层部队慰问演出

像跟躺在席梦丝床上差不多。第二天早晨起来，李洪基的袜子找不着了。我们俩搬床板，挪麻包……啊！耗子洞！捡了截儿铁丝连钩带挑，袜子钩出来了，顺手一甩，那袜子竟能立在地上。几天没洗了嘛，硬邦邦的了。指着袜子，我"砸"了个"挂"："这耗子不能光吃粮食啊，隔三岔五也得来点儿咸肉解解馋呐。耗子们，要谢就得谢他，他是副职，副职管后勤。"我这"挂"带来了连锁反应。过了两三天，我们抵达平潭岛。因多日连续作战，进岛后上级安排我们休整。曲艺组正休息呐，一位杂技演员从外边跑进来。

"李队长，李队长，外边集合队伍，要给你送感谢信！"

"谁呀？"

"仨耗子带的头……！"

"……去你的吧！"

159

大家讲的笑话比比皆是。为什么那么多？苦中求乐呗。

海政文工团和建筑文工团合并后，歌舞团宿舍搬到原建筑文工团住地山老胡同，如有人来访，由原来看门的郭大爷负责通过广播找人。郭大爷家里贫穷，小时候没上过几天学，文化水平不高，净出些笑话。传来传去，《郭大爷笑话百首》在团内"发行"了，择一首说给您听：说有一天来了一位，郭大爷问："您找谁？"来者回答："找吕远（吕系著名的词曲作家）。"

"您是……"

"作协的。"

"您等一等。""吕远，吕远同志，做鞋的找你，你的鞋得了。"

"啊？我是作协的。"

"是做鞋的，我没说你是修鞋的！"

进了二道门，走廊墙壁上挂着块黑板，是乐队日程通知。经常写错字，甚至是为博得一笑，故意写成如下模样的。

上午	啃管子	（背管子谱之误）
下午	田老肺合乐	（田老师之误）
晚上	乳宪炎排练	（孔宪炎排练之误）

哈哈哈！请宪炎同志原谅。

团里边个别领导不注重修养，不爱学习，讲话语不成句。他一讲话，我们就想找个地缝钻进去。您听："地方同志给大家改善伙食，包了包子，咱们感谢包子，感谢包子。""不但有包子，还煮了绿豆咖啡！"嚯！我长这么大，第一次知道世上还有这种饮料!？

人生在世说错了话、写错了字，在所难免。日久天长，倒成就了一段段趣话。再举上一例,作为这一段落的结束。

北京曲艺团一位老先生病故。建筑文工团拟派人前去吊唁,表示哀悼。领导责成郭大爷给北曲打个电话,了解一下有何礼仪和仪式?郭大爷拿起电话:

"喂,北曲啊?我是建筑文工团,听说你们那儿的×××病死啦?"

接电话的是相声演员赵振铎。一听此话,心中不悦,大声回了一句:"是病故!"

听话听声、锣鼓听音啊,郭大爷听出来了:"是,是,是病故。他病故了,有什么姿势啊?"

郭大爷一着急,把仪式说成姿势了。这话搁别人听了,也就是一笑了之。振铎师兄在我们圈里,人所共知,聪明过人,反应高度灵敏,什么样的话到他那儿,决掉不到地上。他微微一笑,回了一句,"砸"了一"挂",流传至今:"他是拿着大顶(倒立)死的!"

三赴越南

1965年秋,海政文工团奉命组织两个演出小分队,命名为文化工作队,准备赴越南慰问抗美援越的中国部队。第一演出队人员从歌舞团、曲艺队抽调,共计13人,我在其内。二队以话剧、歌剧演员为主。为熟悉部队,为磨炼自己,小分队一成立就到舰队六支队体验生活,为部队服务。又恰逢崇武以东发生海战,我们亦参加始终,为战时如何搞好战地文化宣传,积累了经验。

12月中旬,文化工作队住进位于五棵松的铁道兵兵部大院招待所,此时我才知道,除了海政文工团的两个演出队外,辽、吉、黑三省分别组派一个演出队,共计5个演出队,都为铁道兵服务。一天,时任中宣部部长周扬同志在北京军事博物馆接见入越的所有文化工作队,这时我才了解到,原来是数十个演出队配备到入越的铁道、工程、高炮部队之中。

按照上级的要求,各队选了一些节目,在军博礼堂连演几天,交流观摩。我演的单口相声《死伤登记处》颇受欢迎,兄弟团队争相学演。说起《死伤登记处》,我浮想联翩,它是我演艺生涯处于最低谷时的"翻身"之作。去海南慰问演出时,为配合我军打下敌机做宣传报道,我四叔常宝华与杜三宝突击创作、排演了一段三人双簧,一是受语言限制,二是距离生活太远,试演效果不佳。此间,我队一位老同志拿出一篇新作《死伤登记处》,读后感觉一般,主要问题"包袱"少。但我觉得有修改的余地。眼看这个作品就要被毙了,我站起来,主动请缨。老队长看出我的决心,便从中斡旋,极力说服参会人员,给了我试试的机会。

《死伤登记处》是一段讽刺美军登记伤亡情报,最后把自己也登录在内的小故事。

"登记之处"用什么联络?原稿中写了多种联络方法,我觉得反而杂乱。我大幅度删节,改为只用电话,此物观众熟悉,通与不通,时断时续,声强声弱,胳膊夹着,耳边顶着……生活化了,观众能明白,能理解。高科技的、现代化的新式通信器材,演员说不明白,观众听不懂。我们先生在授业时一再强调不能说糊涂相声,除此之外,"活"里需要点儿绝的。我冥思苦想,想起一部影片中的桥段,杂技演员胳膊折了,有个转动折胳膊的特技,我用上了。把这些组合在一起,既减少了语言不通的阻力,又增加了"包袱儿",增强了演出效果。过了三天,试演成功,之后连演数天,效果显著。这是我进海政后的明显进步,从那以后,特别是进藏时经我四叔的调教,我有了更大的进步,也更明白使的"活"只有具备个人的特点,才能"与众不同"。在海南,去舟山,闯广西……特别是近一年之久的赴越南慰问,都给我提供了更上一层楼的好条件。

敬爱的周恩来总理在百忙之中看望了这支即将出国参"战"的文化大军。我们也选出一台节目向周总理做了汇报演出,其中有我演的《死伤登记处》。事后,周扬部长在民族饭店设宴,为大家践行。谈话中他说《三个美国佬》等节目紧跟形势,生动活泼。观摩之后,基本上各队都多了"三个美国佬"。他也提到《死伤登记处》。

我在出发之前将此事向老队长做了汇报,他鼓励我继续努力,要求我战地立功,争取在火线入党。

1966 年 1 月 3 日二十点零四分,第五次列车满载着祖国的期望、亲人的嘱托徐徐开动了,"再见吧,北京! 再相会时,首都你会更加伟大,因为又有人——你的儿女为祖国争得了光荣,赢得了胜利!"这是我在 1966 年 1 月 3 日的日记中写下的话。

那时候火车慢,走了两天半才到凭祥。这个城镇虽不大,位置却重要,是通往邻邦的咽喉要道,白天车少人稀,晚上车轮滚滚,这是为了防空。所有的车做了伪装,汽车牌换成 BA,即越南的牌号了,人也进行了伪装。我们脱下了白色的军装,穿上了蓝色的军装,摘了领章,如同便服一样,摘下了军帽,戴上了帽盔。

6 日,五个队联合演出,这是慰问入越部队的第一场演出,慰问对象是军用线、兵站、仓库、加油班、给水排等后勤单位。在国内时很多单位我都曾去演出过,给军用线这样的单位演出,倒真是首场。甭说演,军用线这个单位都是第一次听说。这是铁道兵的特色,铁道兵是很有特色的,比如压道车就是铁道兵独有的交通工具。我们第一次坐,没有经验,险些出了个大事故。压道车以人工为动力,像过去洋井的压把儿,一压一压的,车就能在铁轨上行进。几名战士轮番压道,压道车拉着一节车厢,车厢里坐着我们 13 人,没想到,走着走着脱钩了,车厢没有制动,继续向前滑。此时,应该等车厢不滑了、停稳了,把压道车倒回来,挂上钩再行进。我们初次乘坐缺乏经验,一发现脱钩,就大呼小叫上了,而且一个比一个声音高,似乎谁的声音最大最高,谁就是功臣似的。压道车是有刹车的,战士们听到声嘶力竭的喊叫,以为发生了什么"惨案"。天已经黑了,判断不清,战士们赶紧刹车。压道车刹住了,车厢也滑到了,"当!"撞车了! 撞得战士前仰后合,撞得我们东倒西歪。乐手李新额头被划了一口子,这以后的十几天演出,他都是带伤上场。我和他开玩笑:"一个敌人还没遇见,你倒先挂花啦!"虽然说的是玩笑话,但是一看见他,就提醒了我们:这里是战场!

我第一次赴越南前线慰问演出,是在 1966 年,慰问抗美援越的战士们。那一次历时九个多月的时间,生活、战斗在异国他乡。慰问部队,多是背着行李,夜间行走在铁道的枕木上。越南的铁道是窄轨,两根枕木一步跨吧,够不着,一步一枕捯的慌,就跟跑圆场似的,走不了几步就累得不行,呼呼地喘啊。夜间摸黑行走图的是安全,可最不安全的一次,又黑又冷还要爬个小山坡,恰恰让我们赶上啦。那是 9 月 15 日的半夜,我们从十七分队演出结束,吃了点面条儿,在连领导的催促、陪同下,在战友的护送下,走出山口,准备在寨湖火车站上车转移。这时候已经是夜里三点了,车毫无音信,雨越下越急,雨夜,天显得黑中透黑! 突然,一阵敌机狂叫,紧接着就是两颗照明弹,显而易见,敌人是要袭击了。必须赶快离开这里!照明弹已经熄了,眼睛在突亮突黑的情况下,更是看不见一切了。听声音,连领导在最后边,对着我们高喊:"摸着黑冲我爬,不许停,不许站起来。"泥水、杂草、石子、高低不平的山路,不管不顾了,部队讲究的就是一切行动听指挥,此时此刻必须一个劲地往后爬。片刻,敌机的声音由越来越小变得没有了。

火车何时来? 谁也说不准! 连队领导利用等车的时间,又给我们讲了一遍他的防弹体会:反向避弹。

1966 年的时候,美国飞机扔的炸弹大多是杀伤性的,还起了好听的名字,"菠萝""子母"等等。飞机扔炸弹,扔下来的是个大炸弹,降到一定高度,炸弹自动打开,里边的"菠萝弹"模样酷似菠萝,只不过每个弹都有个螺旋桨,转起来,飘飘欲坠。离地有一人高的时候,开始爆炸。"子母弹"是个金属圆球,网球大小,球体上镶嵌的全是钢珠,类似自行车上的滚珠,整个球落地,再弹起来,离地四五十厘米爆炸,钢珠四溅,杀伤人体。站着、蹲着、趴着、躺着,什么体位都可能中弹,唯有躲在大树后头站立着,才有点儿生还的可能,如果万一方向反了……那可就成人肉靶子了。因而我们的战士牺牲的、负伤的、终生残疾的比例增大了。

7月23日,我们文化服务的对象:二团二十二连班长孙贤礼等五位干部战士,在抢修铁路桥时,美机扔的炸弹突爆,五位战士当场牺牲。我们闻知,仇恨满胸膛,人人憋足一股劲儿,要为战友报仇,为祖国争光!7月28日,五营高射机枪排连续打下三架美方战机,荣立集体二等功。8月1日,我们正准备庆祝建军节呢,前方又传来捷报,二营高射机枪连副指导员赵留德、战士胡拨升在越南安沛市林桥驻地附近山村俘获一名美国上校飞行员,2日上午将俘虏移交给越南安沛军区司令部。9日该连在越南保河又俘获一名美国飞行员,还是个女的。我们的队伍,一个月内两次击落敌机、两次俘获飞行员。这开创了我军新的战绩。连队庆功,大家高兴!这美国人挨打被俘也是自找,听翻译队战友介绍:原来这是一对夫妻档,女的是加拿大人,还是这个男飞行员的上级,当她知道自己丈夫驾驶的飞机被击落后,驾机前来营救,结果人没救成,自己也被我们揍下来了。后来。在庆功联欢会上,我在表演《死伤登记处》时,加上了这一新情节。司政机关听了之后,欣喜若狂。他们没想到,我这么快就在节目中有所反映。那几天我走到哪儿,二团干部战士都向我鼓掌,喊我的名字:"欢迎!常贵田!"我和我的战友们共同享受着这胜利后的喜悦。

过了几天,部队再次集中。根据要求,组织决定庆功联欢会上我演的节目不变,再演一次。演出结束之时,部队最高领导夏玉援同志上台和演出队全体演员握手时,拉着我的手说:"祝贺你,填好了没有？"我知道，他问的是我的入党申请书。

我是 1966 年 8 月 1 日填写、递交的入党申请书，8 月 18 日被批准为中共预备党员。按规定，我应该在 1967 年 9 月前后提出申请，请组织考察我的转正问题，当时的支部书记坦诚相告，稍等、稍缓。我也很体谅支委们的难处，等吧。谁知等了半年多，我们曲艺杂技队的支部书记调动工作，去新疆了！我找到文工团领导，领导告诉我，我的入党申请书，队支部书记走时没移交，还嘱托我找找队里的原支部书记。我上哪儿找他去！？"文革"中，我家又遭诬陷，更增困难。但是我没有灰心，更加努力工作，且成绩卓著，几经周折，虽转正时间延长了十二年，但是我经受住了考验，无愧于党，无愧于人民。我的入党时间仍是 1966 年 8 月。

1974 年 1 月，西沙军民英勇奋战，给入侵的南越反动派以沉重打击，胜利地保卫了祖国的领海和领土。为歌颂西沙军民可歌可泣的英雄事迹，海政文工团派出了词曲作家吕远、话剧作家李恍、舞蹈编舞陈瑞君以及我常贵田，到西沙深入生活，以求创作一台节目。那时我四叔常宝华刚刚平反，因此没有一同前往。

西沙由永乐、甘泉、珊瑚等岛礁组成。越南利用装备强势抢占诸岛，在岛上修起了气象台、看守所，将犯罪分子、持不同政见者关押其内，不见天日。我们一行上岛之时，他们仍在。看守所内的墙壁上，到处是他们写的情诗、画的性具，乱七八糟。第二天，按我敌双方协定，将他们按俘虏移交。这是四十三年前，我初次到西沙的所见所闻。四十三年后的今天，用我们相声《卖布头》里的一句台词来说，真是"大不相同，不一样儿嗒"！最近有消息报道：西沙不久就会成为优美的旅游区，有飞机、轮船通往那里，美丽的中国将以更加昂扬的姿态屹立于世界民族之林。今天，我们的战士喝的全是桶装矿泉水。记得我们第一次到西沙最大的岛屿永兴的时候,战友们请我们喝的是用半个篮球从井里打上来的黄色的水。为什么如此这般用篮球打水?因为铁桶打水,用不了俩月,铁桶就成漏勺了。

组织派我到西沙采风,深入生活,搜集素材,目的就是要我写出一段反映西沙保卫战的相声。此时,经过内查外调,我叔叔常宝华的所谓问题业已查清,纯属捏造。落实政策后,常宝华回到海政文工团,重建曲艺队。从此我和四叔常宝华重新开始合作,奉献给观众的第一部作品即是《保卫西沙》。该作写景,歌颂祖国大好河山,激发人们对西沙的热爱;述人,在叙说西沙之战的典型代表的同时,讥讽敌人狼狈为奸。作品突破了相声的固有格式,又保持了相声用"包袱儿"推进结构这一特殊艺术手段,使观众在大笑之中了解西沙,并增强热爱和保卫西沙的决心。用今天的话说:《保卫西沙》给人们送去了正能量。

在创作过程中有时候老常(我叔叔)的一句话,就给在朦胧中的小常——就是我,点醒。比如在结构初稿的过程中,我总掌握不住敌伪兵赖、骗的尺度,我四叔就说了句"想想打鱼杀家里的教师爷",我受到了启发,脑子里有形象了。我和四叔在共同创作《保卫西沙》的过程中,给以后的合作打下了基础,开了个好头儿。

《保卫西沙》在文艺凋零之时脱颖而出,给相声作者、相声演员鼓了气、撑了腰,增强了信心。特别是侯宝林、郭全宝二位先生,排练、演出了此段相声,并进行了录音,更给相声事业大添光彩。

中越边境自卫反击战打响之后,我曾随慰问团到云南前线慰问演出,每天接触的都是那些为保卫祖国而战的青年战士,从他们的嘴里我听到了许多前线战士的故事,现在回想起来,还是心情激荡,久久不能平静。

在前线，你经常可以看到猫耳洞。猫耳洞是前线战士的栖身之地，战士们在这里隐蔽自己，在这里向炮兵战友提供敌人的方向位置，在这里消灭敢于进犯之敌。

猫耳洞高不过一米，宽不及两尺，人在里边站不直，躺不平。洞里面又闷又潮，到了雨季，洞里的最低温度是 40 摄氏度。外边下雨，里面也下，外边停了，山上的积水渗进了洞，仍不停地流。水和泥没了小腿肚子，一泡几十天，脚都泡烂了，战士只好轮流躺在弹药箱上。衣服、被子放在洞里常常被沤烂，木质的弹药箱霉烂得一块一块往下掉。铁桶罐头放上两三天就锈迹斑斑。在洞里唯一不发霉、不生锈、总是那么锃光瓦亮的东西，是战士的那支枪。我遇到过的几个战士在这样的洞里待过 97 天啊！

有的猫耳洞面对敌人，和敌人最近的只相距 7 米。监视敌人而又必须不被敌人发现，在这样的洞里就不能有一点响动，甚至于倒水的声音都不能有。战士们喝水都是往军用水壶里塞个布条儿，放在高处，等水顺着布条儿滴下来。战士仰着脖子，让水一滴一滴地滴进嘴里。而这些水也来得不易，是军供队员冒着敌人炮火送上来的。在前线的战士由于长时间吃不上蔬菜，嘴唇都起了泡。我问他们在洞里想吃点什么？一个山东兵很干脆地回答："烙饼卷大葱。"他们只想吃一点家乡风味。我当时激动地对他们说："我的好兄弟，等到你们凯旋，家乡父老会用最丰盛的家乡饭菜来欢迎你们。更欢迎你们到我家做客。"

猫耳洞小，战士们躺不下。两个战士膝盖顶着膝盖，半蹲半坐，这就是战士睡觉的姿势。由于夜间有敌人袭击，白天有敌人炮轰，我们的战士夜里更要瞪大眼睛监视敌人。

为了保卫祖国，战士们蹲在猫耳洞里，忍受着各种无法想象的艰苦。从前线回来,我对前线的战士们说的"亏了我一个,幸福十亿人"这句话,体会更深了。战士们说得好:"正是有了我们的'亏',才有了兄弟姐妹们的幸福生活。"前线之行,我受到了教育,回京后,我应邀给一些机关单位和学校讲我在老山前线的见闻,我要让人们都知道,前线猫耳洞里有当代最可爱的人。而我自己更加热爱这些战士,我要为他们服务,将笑声送到他们的心底。

1985 年国庆过后,我又奉命参加由总政文化部组织的赴云南前线曲艺慰问团。在团里,我既是对外负责联系的干事,又担任舞台监督,我还得每场必上。在战区 16 天,我们 11 个人为战士演出了 46 场,我说了大大小小 64 段相声。

某军政治部黄主任对我们说:"前线来了不少慰问团,你们是最受欢迎的。此时正是雨、旱交叉时刻,也是敌我炮火频繁交锋的时刻,你们翻山越岭过雷区,给战士送来的不仅是欢乐,更是宝贵的精神食粮。"

一个演员能为这些新一代最可爱的人演出,心里真是充满了光荣感。战士们欢迎演出团,我们每到一地,不是夹道欢迎,就是等候在场起立鼓掌,演出当中笑声、掌声,接连不断,回荡在山谷、缭绕在丛林。干部说:"你们的演出,是最好的战前动员。"战士讲:"如果没看到你们的演出,可能会是终生遗憾。"是啊,更激烈的战斗在等待他们,说不定他们中的哪个就是最后看我们的演出了。每每想到这些,就更想为他们多演、演好,满足战士们的所有要求。一天当中,我和我叔叔常宝华为战士说了十几段相声。就是这样,心里还觉得欠他们点什么似的。在最前沿猫耳洞里的一个战士,向连长请求:"让我下山听听相声吧,我在洞里已经待了一个多月,听完相声我还能坚守这么长时间。你让我去听相声,下次战斗,我保证给你拿回个功来。"战士们多么想见见慰问团啊!但是因为战斗的部署、环境的需要,连长没答应他。我们要求去第一线,前线指挥部再三考虑也没有批准。怎么才能让最前沿的战士们听到我们的声音呢?录音?录像?这些只有等战士撤下来才能听到、看到。四叔常宝华想了个好主意——电话演出。感谢电话班的战友们,接通了电话,四叔先和他们通了话,向最前沿的战士致以亲切的慰问。接着,我们俩便说起了相声。前沿战士说声音小,我们就提高了声调,还反映声音小,怎么回事?原来有人在截听,电话班的同志,他们也想听听相声啊!唐文光又唱了快板小段。本来规定电话演出只限十分钟,结果在战士的一再要求下进行了半个小时。要不是为了保障作战通信联络,我们还不会下线的。

在电话中为战士说相声

使我永难忘怀的是在南温河为某部庆功会上的演出。那天的观众是刚刚结束战斗、撤下来休整的英雄连队的战士,庆功祝捷,誓师再战,明日他们又将奔赴第一线消灭敌人。我们慰问团的节目安排在最后。前面会议和业余演出队的演出已经占去两个多小时,快吃午饭了,干事告诉我只演一个小时就行了。我立即安排,抓紧时间演出。沈阳军区歌舞团的相声演员阎月明、全维润第一个登台。天有不测风云,上去不一会儿就下起了雨。露天舞台,演员在雨中演,战士在雨中看。就这样他们俩说了35分钟,观众还一个劲儿地鼓掌欢迎,不让下台。

这可难坏了我这个舞台监督。一对儿演员就说这么长,5个节目可怎么办?战士想多看,我们想多演……我跳下台去,请示了坐在小板凳上的军区副司令员,批准了我们延长演出时间,40分钟!当我把这个消息公布于众的时候,战士们欢呼雀跃,长时间的掌声淹没了哗哗的雨声。战士们在雨中看了两个多小时,我们个个也淋了个精湿,可我们和战士的心贴得更紧了。演出结束,我们跳下台去,和他们握手话别,战士们和我们紧紧相拥,战士们流下了激动的热泪,我们也哽咽语塞。不知是谁带头呼起口号,一呼百应。"感谢祖国亲人!""多打胜仗报答祖国亲人!"此起彼伏,震撼着南温河!

　　一个战士对我说:"今天听了你们的相声,就是明天牺牲在战场,也是带着欢笑死去的。"血与火之中战士需要欢乐,枪炮声中应该有战士的笑声!在我即将结束介绍猫耳洞的艰苦生活和我们演出的一般情况的时候,作为一个部队战士,我代替前线的战友,从心底发出呼声——欢迎演员们到前线去,前线需要笑声!我从前方回到北京,时常想起前线的那些小战友,看来,一时半会儿,是去不了前边了。怎么办?我想出了新主意:

相声盒带节目单

游说：动员我的同人，参加慰问前方战友的活动。

捐赠：参加者自愿捐赠本人录制的相声盒带。

求援：请海政批准海军印刷厂协助印制节目说明书。

传送：请总政和其他有关单位将磁带带给前线的战士。

报道：媒体报道部分相声演员向老山官兵赠送磁带事。

事后，参与者说，这次活动不仅鼓舞了士气，也提高了广大部队干部、战士的爱国精神，同时也教育了我们自己。的确如此，拿我本人来说，甭说别的，这个活动过程，是对我组织能力、执行能力进行了一次自我锻炼和考核。

新课题

现在,电视新栏目如雨后春笋,电视节目主持人灿若群星,演艺界人士尤其相声演员纷纷加盟主持,这成了荧屏之一景。既然成了"景",自然有的成功,有的失败,我和卫宁共同主持的《北京时间》节目,无疑属于成功的,因为各种媒体发表了不少关于这个节目的评论和反馈,更有记者约我做了访谈。

记者:很多观众对于您主持的电视节目很感兴趣,他们很想知道您是如何从一位著名的相声演员改为电视节目主持人的。

我:首先声明,我不是改做,而是兼做。我做一些主持人的工作绝不等于放弃了相声。相声是我的职业,是我的根,是我的本,永远不能丢,可以说丢了相声,就是丢了本,丢了命。家风,敬业,继承,发展,哪一环都不能少。用现在的话一解释,就全理解了,这句话就是"不忘初心"!

主持,在没有电视以前就有,只不过那时不叫主持,叫报幕。别小看报幕员,第一个出场就是她,是否有台缘,一眼定乾坤,如果吸引了观众的眼球,声音再不错,有一两位一鼓掌,哗!就带起一大片。节目进行当中,如果报幕员表现得很轻松,再时不时地使个小"包袱儿",这就行啦,指日高升。离"天下第一报"又近了一大截儿。

"第一报"是三十年前的词儿，即天下第一报幕高手。不及格的报幕员也大有人在。有一年，我们在外地演出，报幕员还是个相声演员，太紧张了，上来就错了，我们是下午演出，他愣报成"文艺晚会"现在开始。观众来了个大哄笑！第一个节目是笛子独奏，他说反了："第一个节目是独子笛奏。"吹笛儿的急了，我是犊子啊?！舞台总监在上场门那儿喊："笛子，笛子!"报幕的听见了，可是又报错了："第一个节目鼻子独奏!"

报幕和主持大同小异，但各练一功。我觉得主持更难，节奏、流程、观众情绪的调动，都得由他掌控。在这方面，相声演员的优势是最鲜明的，我们最善于掌握观众心理，善于与观众交流，善于烘托现场气氛，善于巧妙地插科打诨。这些方面，其他演员比不了我们。这些优势我们绝不能丢，丢了就什么也没有了，就什么都不是了。那么能不能把相声的技巧全盘端上去呢？也不行，那就不叫电视节目而成其他的了，甚至成为闹剧了。这不仅是喧宾夺主的问题，有时甚至能把一台节目砸了，整个节目全变味儿了，什么都不是了。换句话说，就是非驴非马四不像了。我想，应该是在主持的基础上，适当加些相声的元素。

《北京时间》是个涉及社会方方面面的综合性节目，地域虽说限于北京，但反映了北京地区的现实生活、人文景观、时事要闻、历史掌故……可以说包罗万象。这样一个节目，非北京人绝对主持不了，而我是地地道道的北京人，不谦虚地说，老北京那些上上下下、方方面面的大事小事我还真知道不少。我生在北京，长在北京，对北京我太熟了。如果换成《纽约时间》，我准保主持不了，那地方去过一次，待了三天。相声演员是杂家，而《北京时间》所需要的正是这种北京的杂家。我恰好与这个节目一拍即合，这就叫作英雄找到了用武之地。所以《北京时间》我主持了六年之久。

《北京时间》一开始是有观众席的,这更是我求之不得的。别人是一看镜头就来神儿,我是一看观众就来劲儿。说相声的人最大的本事就是时时刻刻启发观众,与观众交流。不客气地说,在这一点上,谁也比不了相声演员。这是我们的优势和强项。

作为主持人,要正确地、适度地扬长避短,准确地选择适合自己的节目,还有一条,要想方设法和主持搭档巧妙配合。这是个技术性强的比较复杂的问题。感谢卫宁、胡宁扬两位主持人给我的提携。至于我在技术上的心得体会,在这里不多啰唆了,这里终究不是技术培训班。

朝鲜真奇妙

自从中央电视台的栏目《正大综艺》播出以后，"不看不知道，世界真奇妙"这句话，成了一时的流行语。这句话挺有道理。1994年8月，我随中国文联代表团出访朝鲜，体会到天下之大无奇不有、妙难尽述，不去看真是不知道。

从机场进入平壤市区，最先看到的是飒爽英姿的警察——女的。您看到这儿，一定会说：常贵田，你少见多怪吧？女警察咱中国就有，还都挺漂亮。一点儿不假，不但中国有，很多国家都有，2008年春节过后，我去巴西演出，还跟巴西女警察合影了呢。可人家朝鲜站岗的女交警，身上带了件东西，吸引了我们。站岗的女交警武装腰带后边带着一个拳头大小、圆圆乎乎、黑了吧唧的东西，干什么用的呢？我们全体成员，坐在车里展开了一场新节目——猜猜看，可谁也没猜对。直到天黑了，答案也出来了，原来那是一个放红光的灯。这倒不错，汽车尾灯"安"腰上了，新鲜不？别说，黑夜之中还真能提醒司机："注意！别违章，这里有警察！"我们团长、摄影家徐肖冰徐老总结得更幽默："带上这玩意儿，司机安全，警察更安全。"

平壤的街道宽敞，绿树成荫，特别干净。行人没有乱扔废纸、随地吐痰的习惯，所以街上没有"禁止"或"罚款"字样的警示牌。除此之外，既没有布告栏，也没有广告牌，当然更不会有什么"祖传秘方""换房启事"之类到处张贴的小广告了。更为奇特的是，除去商店、餐馆等服务设施挂牌，机关、团体、工厂、企业一律不挂牌子，而且所有的建筑物都没有门牌号码。在平壤,咱自己个儿要想认认哪个单位、找找哪个人,根本办不到。这多不方便啊!可朝鲜朋友说他们倒没觉得有什么不方便,可我指着一座楼问他那是什么楼,他吭哧半天也说不出来。我心想,这送信的怎么送啊?面对楼群,大概邮递员是"哑巴吃扁食——心中有数"?我再深入了解,才知道邮递员也不是把所有信直接投放到哪家哪户,而只是投放到"洞"。"洞"就是咱们的居委会,居委会下设人民班,由人民班转到收信人手中。平壤是朝鲜的首都,我们去的时候是个有 150 万人口的城市,既不挂牌也没门牌,搁咱们,那哪儿成啊!可人家惯了。为什么这样做?我试探着求问几位朝鲜朋友,不说!这是为什么呢?是不得其详、不知道所以不说,还是不得已不说? 不说就不说吧。

在街上,偶尔能看到三三两两的妇女打扫街道,很认真。大概执行的也是类似门前三包的制度。他们使用的扫把比较特别,只有一尺来长,跟咱们用的炊帚差不多。妇女们都是弯着腰扫来扫去,多累!咱们看着累,可人家习惯,也许把咱们的大竹扫把推荐给人家,人家还嫌不顺手呢。朝鲜妇女用头顶东西堪称一绝。我在开城看到一位头发都白了的老大娘,顶着一块板儿,板儿上摆放着十几棵大白菜,少说这白菜也得有四五十斤吧。手不扶,菜不捆,走得还挺快,一看就知道这位大娘有"童子功",从小顶到了老!在咸兴看到一位妇女更棒,一大盆刚洗好的衣服,连盆都顶在脑袋上,背上还背着个孩子,走得是稳稳当当。小女学生的书包不背着,顶着!走起路来还连蹦带跳!我想从小就这么锻炼的朝鲜妇女一定不得颈椎病。

街上看到弯着腰扫地的是妇女,顶着东西背着孩子靠两条腿走路的是妇女,再加上不管风吹雨打、日晒雨淋、晚上还得执勤的女警察,勤劳的朝鲜妇女给我们留下了深刻的印象,让人崇敬。

街道上房与房之间留有空地,有的做儿童游戏场,有的供成人锻炼。偶尔能见到三四个人切磋棋艺。我看了看,像是中国象棋,可跟咱们的象棋又大有区别。首先说棋盘,上边没有"楚河汉界"字样,这可以理解,人家没有"楚汉相争"这档子事儿吗。可"将""帅"两个棋子上却分别刻有"楚""汉"作为标记,刻的还是中国汉字。更奇妙的是棋子不一样大,帅、将最大,卒最小,依顺序由小到大。我猜想,想当初朝鲜的等级观念一定比咱们中国还严重!棋子的走法和咱们的也有区别,"卒"不过河就能横着走,可谓"横冲直撞"。"相"不走"田"而是走三的"平方"——由田字的四个小方块儿,改走九个小方块儿。"炮"不仅吃子要有炮架子,就是走也得有炮架子,不然过不去。嘿!象棋加跳棋,您说新鲜不。

朝鲜的建筑,大!有气魄!举个例子:平壤有个"玉流馆",坐落在环境优美的大同江畔,地上二层地下一层,建筑面积 12500 平方米,绿色琉璃瓦重檐的屋顶,前出廊后出厦,富丽堂皇。我猜想不是博物馆也是书画院。后来朝方请客,我才清楚,敢情那是吃冷面的餐馆。您想,冷面馆儿就这么排场,别的可想而知。大型建筑更有些讲究,1982 年建成的凯旋门上刻有 70 朵金达莱花,象征着被朝鲜人民称颂为慈父般领袖的金日成主席七十寿辰。大型壁画高 4.15 米,代表着金日成主席的生日——4 月 15 日。这是明寓,还有暗寓,高 170 米的主体思想塔,连塔身带底座一共是 25550 块花岗石,意味着朝鲜人民一提起就激动得流泪的伟大领袖金日成为人民操劳了 70 个 365 天。

我们去的时候,朝鲜的"改革"刚刚开始。甭说别的,宾馆房间里悬挂的领袖像、标语牌,我们离开朝鲜的前两天才往下摘。没有

179

几个频道的电视机反反复复播放的是刚引进的武打片。农贸市场也是刚刚兴起。我在咸兴看了一个,逢一开市,也就是说十天一集,交易的人很稀少。市场不大东西不多,主要是小百货和农副产品。一个鸡蛋两块钱,一块豆腐 4.5 元,一只鸡 80 元。凭票供应的一元五角一盒的烟,拿到这儿就翻了十倍。一双在商标价 3 元的胶鞋到这儿 30 元!真是物以稀为贵啊!老百姓的收入是多少呢?仍以咸兴一个工厂为例,工人月收入 50 元至 80 元不等。年轻的读者看到这里一定倒吸一口凉气,这样的比价?像我们这岁数的人已经见怪不怪了,因为咱们也曾有过这样的岁月。看人家想自己,我们代表团以及在朝鲜碰到的中国人异口同声:咱们的改革开放政策千万别变!

很早就听说,朝鲜产大米,产苹果。大米饭虽天天吃,但主食只有米饭,就显得太单调了。在朝鲜待的十几天中,苹果倒是送到房间两回,不过个儿小点儿,比乒乓球大不了多少,还是国光苹果。1994 年,咱们这里已经有了个大、好看、又甜又脆的富士苹果,国光苹果已没什么吸引力。我们把国光苹果和水果糖,都送给了翻译,他们的日子过得太苦了。我除去"借花献佛"外,还把从国内带去的巧克力都送给了一路陪同我们的翻译。我之所以这样感谢他,是因为他陪我说了一次相声。我们临回国前,朝方为了欢送文联代表团,双方决定搞一次联欢。其实,我们代表团中,演员只有两人。一位是曾在志愿军文工团任职、后调入总政文工团的资深歌唱家徐有光,另外一个就是我。音乐,可以说是无国界,徐老师又在朝鲜待过,和朝鲜朋友联欢,那是得心应手,英雄大有用武之地。我就不好办了,相声是中国的"土特产"。在国内,我们到推广普通话力度不够的省份去演出都费点儿劲,何况在外国。怎么办?我就想起了这位翻译。其实,这位翻译是中国人,朝鲜族。"文革"当中,由于种种原因,跑到那边去了。后来我们这边改革开放,日子越过越好,吸引力越来越大,他想回可回不来了,因为那边不允许。这就叫"上山容易下山难"! 这样的境遇,他不敢讲,是我在和他接触中慢慢"侦破"、一点一点套出来的。联欢,他派上了用场。我选了个动作性强的小段——《生活的规律》。在外宾面前我给起了个好名,其实就是国内相声演员和观众熟之又熟的《规矩套子》。不过,再熟的活也要认真对待。我和翻译约定,凡是动作性语言都不需要他翻译,我表演就可以了。凡是起承转合的设问句,都翻译。比如:

甲:走路就有规律,迈左腿抡搭右胳膊,迈右腿抡搭左胳膊。甭管是中国人还是朝鲜人,都这么走。

乙:那要迈哪条腿抡哪支胳膊呢?

甲:一边儿顺?迈左腿抡搭左胳膊,迈右腿抡搭右胳膊?走起来难看呐! 有这样走的吗?(学)

乙的这句台词,要求他用朝鲜语说,其他的,通过我的表演,我想朝鲜朋友一定能明白。果然不出所料,现场的反馈、现场的效果都告诉我他们懂了,明白了,因为"包袱儿"响了。

哪儿收获大

这些年我去过很多国家和地区。亚洲除了去过朝鲜，我还曾三赴新加坡。一次是带队少儿团，一次是相声讲习班。还有一次是我参加出国演出规模最大的一次，总政歌舞团九十余人，连演十场。那是在赴抗美援越前线慰问之时，我国驻越使馆特别安排我们这个队到使馆演出，是按照驻越大使朱奇文先生意见办的。后来才知道，东方歌舞团派来入越的人员皆是独舞、独唱人员，和我们的节目比较般配。

欧洲到过法国、德国、意大利、奥地利、波兰等，北美去了美国、加拿大，南美去了巴西。

1984 年 12 月，由中央人民广播电台组织的中国说唱艺术团赴美国演出，侯宝林老师领衔，相声演员就去了不少，有常宝华和我、侯耀文和石富宽以及师胜杰等 7 人，还有京韵大鼓和梅花大鼓、山东快书、苏州评弹演员，加上三位行政人员，一行共 17 人。11 日晚飞到广州，改乘气垫船赴香港，12 日晨抵达，午后飞往美国。晚上抵达后，住在我领馆招待所。

从机场到住宿处，我们边走边观光。一路上让我感到奇特不已的是画在地上的线。每隔几十厘米就有一个比灯还亮的光源，我奇怪的是这么多灯，地下的电线怎么走啊？第二天一早我就到马路上观看，噢！原来不是灯，是能反光的塑料片，汽车大灯一开，照在片上，连成了一条线。现在我国已处处皆是，可那个时候，蒙得我们一愣一愣的。

但是在繁华的背后，有你想不到的野蛮！去洛杉矶演出，正赶上歹徒抢银行。从美返京后，团里叫我给大家讲讲访美见闻，我头一句说的是："美国是个又可爱又可怕的地方。"

在我们住宿的招待所所在的纽约第 42 大街上，有一家小银行，是我们出来进去的必经之地。银行外边总站着个人，手里举着个牌子。我们请翻译翻译一下牌上所写的内容，听过之后，我们全乐了。上写：我打算存款一百万，现在只差一块钱了，请你帮助！乞丐呀！乞丐都这样幽默。

我们定于 15 日下午在纽约麦迪逊广场首演。15 日上午走台熟悉场地，同时把乐器、服装带去，进行整理。上车的时候，侯宝林先生喊了一声："检查好了，别忘了带演出的东西！"侯大爷这么一喊，引起了坐在我旁边的、负责接送我们的海先生的一席话："侯先生是你们这团的领导啊？"我点了点头。"领导亲自督导指挥，足见领导的责任心。不过，作为……"他还没说出来呢，坐在他右边的一位女士搭茬了："在这地方不必事必躬亲，你们领导喊一嗓子，若被我们领导听见了，该批评我们不作为了。"嘿！真是国情不同，要求不一呀。

我们每个演员对自己的节目都是很认真负责的。坐在台下指挥着四五位黑人老外排练"检场"。你也说我也说，本来老外就不懂，声音再一大，你指挥，我提要求，老外有点儿不耐烦了，说句行话，就是要"夯"！什么不高兴、不满意，甚至发了脾气、动了手，都叫"夯"。随着程度的加强，比方说真动手打架了，叫"尖夯"。我怎么看出来老外夯了？几个人又端肩膀又撇嘴，直喊"No，No"。我在台上看得清楚，这几位情绪不对，这是不满意啦。我赶紧跑到台口，做了个手势,请大家安静。我主动向领导提出,我一人来指挥老外行吗?领导问我你行吗?活里常用一句话:"把吗去了,就是行!"我心里这么想,可没说。我冲着老外那方向一努嘴,"予夯"!其实我心里边有谱儿,我不会成本大套的英语,但会说 yes,no。而且还会"麦克风"这词儿啊!实在不行我还会比画呀!再者说,这时新凤霞老师的姑娘吴霜进来了,她正在美国学习呢,她能不会外语?结果根本没等她出马,喊哩喀喳,没一会儿的工夫,幕条移动了,舞台整好了。什么节目用什么桌子、用什么椅子、几个话筒,几位老外全都清楚了。又从头到尾来了一遍,完全正确。嘿!大家高兴啊!这通夸我,"大哥,真行,就会仨单词,把台整好了,还把老外支配得高高兴兴团团转。"

我也心中暗喜。这些活儿我干过,从 1959 年始,净装台了,这就是部队锻炼的结果,也是文工团一专多能训练的成绩。临走前和老外握手告别,我说"三克油"!让侯老听见了:"呵,小子,还会这句?"我说还会"惟尔玛曲"呢……就会这个呀!

演出第一站是纽约。工作之余,我们乘船沿曼哈顿岛海上观光。船上有一美国人擦皮鞋,为游客服务。侯老往椅子上一坐,冲擦皮鞋的招了招手,那个意思叫他擦鞋。这个全过程我看个正着,我抢先一步,我想提醒侯老,这擦鞋是有偿服务,"他……"我这他字刚出口,擦皮鞋的过来了,为防范他,我赶紧改口了:"擦'踢土''肘杵'!'色唐杵'!'嗨'!"我说的是"侃儿",也就是我们的行话,意思是:擦皮鞋要钱!外国钱!要的多!侯老听完,一指那擦鞋的:"他一外国人,连中国话都听不懂,你调什么'侃儿'啊?"这句话一出口,我们几个全乐了。

我问侯老,您为什么非叫他给您擦鞋?侯老微微一笑,说:"咱们一辈子都受外国人欺负,今天,也让外国人伺候伺候咱中国人!"

　　2002 年 11 月,纪念侯宝林先生诞辰 85 周年,在北京民族文化宫举办了专场演出。我上场后,把这段趣事用相声语言介绍给了现场观众。当说到"也让外国人伺候伺候咱中国人"这句话时,掌声雷动。这掌声,表达了我和广大观众对侯老的崇敬、怀念。

　　岁数不饶人,侯老 76 岁时离开了我们。在向侯老遗体告别的时候,我注意到卧在鲜花丛中的他,穿着一套西装,下边叠着件长袍——这是演出服装,肩头放着一把扇子——这是演出道具,还有一副牌。我不知这是侯老的遗愿,还是侯大娘安排得周到。也许是耀中、耀华、耀文三位兄弟和小珍妹妹尽的孝心吧。

　　侯老的自娱活动是打牌,钟爱扑克,尤其以打百分最上瘾,只要空闲,哪怕三缺一,也要二打一轮战一番。侯老的牌打得精明,出过两圈牌后,不但能算出各家手里有几张主牌、几张副牌,还能算出什么花、什么点儿,八九不离十。

左起高元钧、常贵田、侯宝林、常宝华、常宝霖、常宝霆

1985年我随侯老去泰州参加梅兰芳剧院开业庆典活动。他愣和负责保卫的警察对上阵了，牌还是从招待所借来的。我问他怎么这么大瘾？"还记得我使的《打百分》那一块活吗？"他反问我。"为了使这活我学的打百分，不会打，怎么说呀？不会骑自行车能说《夜行记》吗？说出来也不真嘛。一个道理，我一打上就发现这玩意儿学问很大，我这个人……唉！说是毛病也行，说是特点儿也好，只要爱上这个东西就要钻出点门道来。'四清'那阵子，没事只能打牌，越打越精。我发现这牌就是磨刀石，这脑子就是刀，刀当然是越磨越快，脑子越用越灵。刀不磨就长锈了，脑子不用就迟钝了，写东西、看书、打牌、研究活……脑子不能闲着，得老磨着。"原来如此！至此，我才明白他打牌之良苦用心。侯大爷一生思路敏捷，就是在病危的前几天，耀文叫我一起去看他，他还是谈笑风生，思路清楚。小珍告诉我，这两天他还在打牌，还玩得那么棒、那么精明。我们松了一口气，觉得问题不大，谁知我从新加坡演出归来得知侯老悄悄走了，悲痛万分。多亏我媳妇去了木樨地侯老家中，替我向他做了告别。我找到报纸，看到小珍告诉记者，侯大爷在去世前一天还在打牌，只是牌出错了。

侯老偶尔也打麻将。1984年赴美之前我们集中在回龙观酒店，排练演出之余，他拉着我、富宽、胜杰、耀文以及邢晏芝兄妹一起打牌，我们几个年轻人轮流上阵，尽管当时输赢的是火柴棍儿，老头算番算得可认真，尤其是给他自己算，得加个更字。他的火柴棍越来越多，不得已，我们出密探，站在他背后，结果还是他赢。他笑着对我们说，你们这奸细不行啊，知其一不知其二，不放张儿，我能自摸啊。虽然赢了火柴棍，可为了牌，他也有损失。当时正赶上他生日，祝寿过后，他回家了，我们几个想打牌消遣，可把他住的屋子翻了个遍，也没找到牌，只好作罢。事隔几天，问他把牌藏哪了？他哎呀一声，急忙从立柜顶上拿下一个生日蛋糕盒。后来知道，他为了我们不耽误排练，把牌藏在蛋糕盒下面了，可一忙，连盒子里还有多半个蛋糕也忘了，打开一看，蛋糕生了厚厚一层绿毛，我们这个乐啊。侯老说了一句话，大家更乐了："这个别扔，带到美国去，让他们美国人知道知道，我也会制造青霉素。"

在回龙观住的时间不长，可侯老给大家、特别是相声组的几个人，都留下深刻的印象，他真是会玩儿会工作。

玩儿起来，他玩儿得淋漓尽致，工作起来认真负责。他给大家排练，绝对令被排者有所收获。他的表演不但有特色，更是经得起推敲，经得住琢磨。他使的活，活中的情节、情节中的人物、人物的特色、语言、动作以及相声独有的艺术手段制造"包袱儿"，等等，他追求的是——圆润。一切一切都圆了，才能润，才有光泽。美国之行最大的收获，我认为就是侯老传授给我们的"圆润"说。第一次排练审听时，侯老坐在三人长沙发上，我四叔陪同。我们几个坐在沙发后边的木椅上。第一对上场的是师胜杰和冯永志。他们使的是《对春》。刚入活，侯老就叫停了。这一停，胜杰可就头上冒汗了！

侯老肯定不满意，不然不会叫停呀。侯老说"不圆润"！

侯老看得清，记得准，还给做了示范。第二对，侯耀文、石富宽的《戏剧杂谈》，唱了三句，侯老一摇头"不圆润"！应该加强这个字，逻辑重音吗。第三对，我和我四叔常宝华的《方言土语》。我刚说了两句，侯老说话了："宝华，你站那儿干吗？"一看这阵势，我搭茬了："嗯！我明白了，今天是专找年轻的哪儿不圆润，是吧？"耀文、胜杰全乐啦！我们仨人一对眼神，"请二老给我们做个示范吧。"我们几个一鼓掌，就势坐在沙发上，没等二老张嘴，我们齐声呼喊"不圆

187

润"！这时候，吃饭的铃声响了，二老就坡儿下：吃饭，吃饭！

去餐厅的路上，小冯指着我们几个说："你们早了。""什么早了？""不圆润说早了。"侯老搭茬了："他们才是节骨眼儿正合适。""怎么？""说早了，包袱响不了。说晚了，那不弄假成真了。你能指出来我哪点儿不圆润？我什么都没说呐，何言圆润二字。他们几个就在我欲说未启的档口，说了不圆润。这纯粹是玩笑啊！这节骨眼，这尺寸，正好。你呀，还真得好好向他们学学。这几个人，猴精！"听了这句，我说了一句话，把侯大爷高兴的，本来是我搀扶着他，听完这句话，他一翻腕子，改拉着我了！还直跟我握手。究竟我说什么了？我说："我们再猴精，也跳不出您这如来佛的手心啊！"

夫妻之间

我难过，因为遭遇过荒唐岁月里的逆境；我高兴，因为成功于改革开放的纪元伊始。

我的爱人姓闻名克礼，她的父亲是位老中医，所以给他的孩子起的名字——克勤、克俭、克礼等，都很具中国文化色彩。

我家住西单，她家住西四。1963 年以后，我们曲艺队已经搬到天津临时居住。闻克礼她们歌舞团也从海军大院搬到东城宽街山老胡同。每逢假日或偶而借工作之便，我从津到京与她会面。吃过晚饭从西城送她回东城，边走边聊，那么老远的路我们越聊越起劲，越聊越知心，越聊越亲近，不坐车也不觉得累。我创作表演的《动力研究》有相当的情节是我的"真知灼见"，是我真实生活的写照。那时候部队有规定，女孩子 25 岁才许可结婚，特别是舞蹈队的，不到生日都不准登记。再加上经常下部队演出，我们的恋爱过程长达六年。有时候见面时间很短：锅炉房外头挂着棉帘子，她来打水，我掀开棉帘子就跟她说了一句话——周日我到北京来，她也只说一句话——好，我等着你。像不像俩特务对暗号！

考验绝对是艰苦的。谈了六年恋爱，准备结婚的时候，我们一家子数口在"文化大革命"中被打成"反革命"。结婚报告已经交上去了，领导对闻克礼说，你考虑考虑，还结不结婚？她很难受，压力特别大。最后，她找到团长："团长，您就跟我说一句话，常贵田是不是现行反革命？"团长说，他不是。"真不是？""肯定不是。""结！"

人家办喜事，都是选个有纪念性的日子。我结婚，挤来挤去，挤到 7 月 20 号。因为只有这一天，团里在海军大院大操场演出，没我。我夫人也可以演出过后提前回家，做好准备。婚礼还算热闹。有人问我：知道 7·20 是什么日子吗？我摇头。告诉你，记住喽，去年今日，武汉造反派搬倒了武汉军区的……我说：打住！这人和我的婚礼有什么关系呀？我还以为他来要喜糖呢！

我本是一个特别能干活的传统型中国男人，但不同的阶段，有不同的表现。刚结婚的时候，我的工作弹性较大，有空余时间，所以家务劳动都是我干。我不光会烹饪，还能自己打家具。我还得照顾好夫人，每天给她准备好糖水，等她练功回来喝。舞蹈演员排练是很辛苦的。一日，我排练没来得及做这事，她回来渴得要命，没水！见桌子上有啤酒，拿起来，"咕咚咕咚"就喝了。当天下午这难受哇，恶心，头晕。从那以后见着啤酒就恶心，就头晕。她到现在再也没动过啤酒。

生完大姑娘以后，她还想生个儿子。我明白，她想生个儿子的目的，就是希望：儿子能继承常家的相声。我媳妇为这件事做了不少的努力，找秘方，要偏方，照 CT，吃补药。爱吃的，为要儿子，忌了！不爱吃的，为要儿子，海塞！

我也做出努力。我知道我媳妇爱饿，我走后门，找买卖家不收票的，给她买蛋糕。有一天，就在我去买蛋糕的时候，医院的医生急坏了，我媳妇得剖腹，等着我签字办手续，我赶回去时她已经在手术床上躺了四十多分钟了。医生说：您要再不回来，这孩子就憋死了。

夫妻两口子，总会有点儿了矛盾，总会有意见不一致的时候。俗话说"打是亲，骂是爱"，可我和她却"不打不骂"，不吵不闹。孩子们都知道，爸爸妈妈都不说话了，就准是闹矛盾了。这是我们家的一个晴雨表。过了一两天,屋里有声音啦,那就是雨过天晴。第二个晴雨表,就是看她给不给我挤好牙膏。随着社会活动的增加,我的休息时间越来越减少,随着年龄的增长,我身体状况也一天不如一天。五十岁以前,因为外伤去了一次医院,现在是三天两头去医院。为了保证我休息,保健好身体,克礼她尽量多地承担起照顾我的活儿,每天连牙膏都给我挤好。照顾我的事项就像牙膏,挤点儿是点儿。今天没挤,准有问题。

琴瑟和鸣——常贵田与夫人闻克礼

家里的活儿,没完没了,总干不完。街坊四邻也总有个说法:他们家的活儿,都是老常干的,他夫人大概什么也不干。问他有什么凭证,他还阵阵有词:老常媳妇,皮肤好得很,又白又嫩,哪儿像干活的样儿?按他说的,干活儿的就得黑瘦黑瘦的!那黑人保姆……够黑,可胖啊。我夫人天生丽质,别人问她擦的什么护肤品?她就说擦的蛤蜊油!

家里的活儿,像什么做饭、收拾房间、洗衣服……虽然有洗衣机,还是全自动的,但是也得人工往里放、人工往外拿呀!这些活儿都是我夫人干。

唯独倒垃圾是我的活儿。一般来说,吃过晚饭,提拉着垃圾桶,下楼到院里,连倒垃圾带散步。我提拉着空桶,满处一转悠,碰见熟

191

人,遇到战友,说几句话,"老常,你还干活儿!"看见我的人越多,我爱干活爱劳动的口碑传得越广。我问我媳妇:"耳听不实之词,你会生气吗?"她说:"生什么气!传得越多越好,你多干活是怕我累,是疼我,是爱我。有人要问咱俩感情如何?这不就是替我宣传了吗。"嘿!她倒想得开!

性情中人

　　凡是有人的地方就有情，亲情、友情、爱情。特别是爱情，在一起的情意缠绵，不在一起的"两地书"鸿雁传情；在一起的分开了藕断丝连情不断，分开了又合了那是旧情复发。有梁山伯祝英台的殉情，有王魁负桂英的绝情，有贾宝玉那样的多情种，也有林黛玉那样的痴情人。就是"偷情窃玉"也是因为一个情字，情未了！亲情友情更是无所不在，两个小的叫情同手足，两个老的叫情投意合，一老一小那是"忘年交"，情不自禁。雷锋对人民群众像春天般的温暖，有无限的情和爱。洪水无情，人们伸出友谊之手捐款赠物，人间自有真情在。

　　诗人写的是"天若有情天亦老"，歌手唱的是"我的柔情我的心"，电视人对"情"情有独钟，给自己的栏目起了个名字叫《真情对对碰》。这一碰，把所有"情"的火花都给碰出来了。热恋者有了误会，没机会倾诉，来到这个栏目，一"碰"即合。判给对方的孩子，无法沟通，来到这个栏目，母子相见"碰"然心动。父子反目，来到这个栏目，三说两说，如同吃了舒肝顺气丸，拥抱庆幸，"碰"杯祝贺。当然，也有碰不成的时候，本来"碰"就有"试"的含义，碰巧了就成了，碰不巧就是碰钉子了，甚至碰了一鼻子灰。碰巧碰不巧两种可能，就此起个名字"对对碰"，可见电视人的良苦用心。

　　为了让双方碰面，可真难坏了电视人。第一步是"找"，打几次电话，写几次信，这算省事儿的。有的就得跑，找。在城里住的还好办,坐公共或者打个车都能去。可有的要找的对象住在县边儿上,村儿里头。我们的电视人就得坐火车、坐汽车,最后坐在自行车后边,让人驮着处处去找。第二步是"磨",那对象不是让来就来,那么好说话儿的。客气点儿的,说声"谢谢,我们自己的事,自己解决吧,不麻烦你们了"。不客气的,说一句"狗拿耗子——多管闲事"!得!挨了句窝心骂,还不能发火,还得心平气和地动之以情、晓之以理。好不容易答应见面了,一听上电视,又打起了退堂鼓:"什么?在电视里见面?这不是给我曝光吗!俗话说家丑不可外扬,你们这么一来,不但亲戚朋友知道了,连不认识的人全知道了,这不等于自己给自己告下来了。"面对此情此景,电视人苦口婆心,既要承认上电视确有曝光之嫌,又要讲清在大庭广众之下承认自己某些不足正是有勇气的表现,电视里见面是弥合的好机会,众目睽睽更有弥合的好条件,这正是一人有"难"大家帮啊。真情所在,金石为开!当事人总算答应双方在电视台见面了。至此,电视人悬着的一颗心平稳了许多,可到了录播现场,这颗心"砰、砰、砰"跳得比往日快了一倍,为什么?

1.担心:担心自己话不到位、语言过激,达不到最佳效果。

2.痛心:当事人陈述前情,电视人虽已知晓,但又一次如临其境,有与当事人同呼吸、共命运之感。

3.酸心:当事人说到伤心处,电视人比当事人还投入,声泪俱下。

4.揪心:经过电视人的努力、现场观众的鼓励,当事人双方言归于好就在须臾之间,电视人的心就揪起来了,"一、二……"随着读秒声声,心就揪到了嗓心子眼儿。

5.开心:成功了,开心时刻心跳必然加快。

电视人的心、当事人的心、观众的心,心心相印,心满意足,心情舒畅,处处有真情。

到此,读者您一定会问我:"你怎么这么了解电视人？"实情相告,我有幸做过《真情对对碰》的嘉宾,也是个有心人,曾为"情"所动,为"情"所染。将心比心,也了解了电视人的甘苦。如果,今后再多做几次嘉宾,我会对《真情对对碰》更钟情。

取长补短

我曾多次受中国曲协的指派、部队上级单位的命令、地方省市友邻的约请,出任赛事、展演、评比的评委,还当过多次负责人。

评奖的过程是学习的过程,点评的认知更是学习后的一份答卷。取他长,补己短,再努力。先来点评一段相声,您看看评得如何?

相声《我丢什么了》

相声难就难在得把观众逗乐喽,难就难在让观众在乐了的同时明白点儿什么,难就难在乐过之后让观众能得到一丝启迪。

相声,特别是好相声的创作,真难啊!

反映反腐倡廉的相声,则是难上加难。孙福兴、杜文广两位作者知难而上,其作《我丢什么了》获第二届"包公杯"全国反腐倡廉曲艺作品征集活动的一等奖。评委们异口同声:这篇相声好!

相声区别于其他艺术形式的最大特点是要有"包袱儿"。而且要求通篇"包袱儿"贯穿始终,用"包袱儿"推进结构的进展。其他艺术形式的结构,高潮可在通篇的中后部,而相声作品则必须有个好底——既是作品顺理成章的高潮,亦是最大最响的"包袱儿"。

我认为,这篇相声努力实践并达到了以上要求。它用"包

196

袄儿"营造了巧妙的结构。以"丢"做点,贯穿始终。先是丢猫。一朝权在手,便有客来求!以猫做敲门砖的,送去了各色各样的猫。猫吃鱼吧?接下来,腐败分子又发出丢鱼的告示。结果不仅收到江河湖海里的鱼,也有论克论两的"小黄鱼"夹在其中。用观众熟知的猫和鱼敲开腐败分子大门的同时,也轻松地敲开了观众心灵上的大门。这样,"包袄儿"好设置了,结构好推进了。腐败分子的下场,毫无疑问是被绳之以法。若如此写个正底,实属败笔。两位作者高就高在段子的结尾部分没丢掉"丢"。腐败分子反思自己:到底丢什么了?噢,丢的是人!此时,不仅警示有权者,更启迪所有的观众不要丢掉做人的底线。

建议:猫的种类繁多,诸如波斯、轩罗、加菲、英短、布偶、狸花……等等,写个小趟子,既增加了相声技巧,又传播了知识,还加深了主题。

碰鼓说唱《花腰女》

曲艺节目因为短小,必须开门见山,引人入胜。《花腰女》开门四句:

水傣娇山傣妖

又娇又妖是花腰

水傣巧山傣俏

又巧又俏是花腰

短短的四句,一下让我知道,傣族分水傣、山傣、花腰傣。山、水傣家美女,美得各有不同,而具备娇、妖、巧、俏四美的是花腰傣家的女孩子。娇、妖、巧、俏四个字把傣家女勾画出来,给观众无限遐想,恰到好处。

197

各个兄弟民族都有自己的生活特色,《花腰女》紧紧抓住"谈情说爱"这一所有民族都熟悉的生活,来展示自己的民族特色。花腰男们真不容易,为了求爱得"赴汤蹈火""过关斩将":

> 要想上门你想好,
> 进门要把竹竿敲。
> 三下头,三下脚,
> 三下屁股三下腰。
> 不叫不跳请上楼,
> 品香茶,尝棕包。
> 乱叫乱跳乱棍敲,
> 撵到楼脚喂牛草。
> 您听听,一上门就挨了十二下打!

现今的观众多把文艺节目能否巧妙地传递信息、丰富地介绍知识,作为品评文艺作品的重要标准之一。《花腰女》既满足了观众这一需求,又不失情节生动活泼,彰显了语言通俗易懂之曲艺特色。

常德丝弦《枕头风》

"枕头风"自古有之,中国有,外国也有;老百姓有,当官的也有,就连皇上也挡不住三宫六院七十二嫔妃的窃窃私语。枕头风刮来刮去,最终刮成一句话:老婆成问题,女人是祸害。

今天,枕头风似乎越刮越猛。常德丝弦《枕头风》牢牢抓住老百姓最关心的话题做文章,切中时弊,题材选得好。更好的是扭风,枕头风多是贬义,但枕头风刮的不全是斜风,刮的也能是化雨的春风。常德丝弦《枕头风》就树了几个典型,在关键时刻老婆不助纣为虐,女人的一席话扭转乾坤,真可谓"家有敝帚,享之千金"。《枕头风》要扭一扭枕头风的风向。

我第一次接触常德丝弦是20世纪70年代初,坐唱《追针》小中见大,歌颂了军民鱼水情。三十年后的今天,《枕头风》俗中见雅,歌颂了民间淳朴之风。预祝常德丝弦这棵曲艺奇葩花香永远。

苏州弹词《大脚皇后》

北方的京韵大鼓,南方的苏州弹词,堪称曲艺中的上品。这次得奖的《大脚皇后》可称上品中的佳作。

行家里手说一部好书,必要达到五个字——理、味、奇、趣、细。

《大脚皇后》是个中篇,不似开篇一事一议,也不像长篇容易展开。就三回书,紧紧抓住"脚"字,讽脚、缠脚、审脚,人物围着脚转,情节顺着脚走,戏从脚上出,噱从脚上放,高潮中达到最终目的——讲真话,奇趣尽在"脚"中。

苏州弹词流派纷呈,唱腔丰富多彩。据介绍,陈、俞、马三大腔系为鼻祖,后有扬、祁、琴等诸调相继产生,其中最为南北观众熟知的是蒋调,尔后又有了丽调。现如今移居香港的苏州评弹学校原校长邢晏芝的唱法颇为流传,大有成派之势。

《大脚皇后》的五位演员相继毕业于南方曲艺高等学府——苏州评弹学校。基础扎实,工作实践多年,均成业内中流砥柱。此次排演《大脚皇后》,利用掌握的多种派系腔调来塑造书中的角色,一个角色一个调,真是大胆尝试,新鲜透顶。不

199

仅如此,他们借鉴姊妹艺术的表现手段"起角色",又是一个大胆尝试。特别是盛小云扮相漂亮,表演真切,真是弹词花香,牡丹花放! 那些弹词的粉丝们在三回书中听到味道十足的多种流派,看到细致入微的人物表演,真是过足了瘾。

相声有"人保活、活保人"一说,弹词有"人做书、书做人"一讲,情同一理。好作品再加上好演员的二度创作,上了双保险! 必成好节目! 愿来年再评时,苏州弹词,能有更多作品获奖!

网　缘

　　我上网有一段时间了,和网的联系越来越密切。网上世界让我视野开阔,使我耳聪目明。我常和朋友说,我有"网缘"。

　　对于互联网,我和不少人一样,既爱又怕。刚开始的时候感觉新奇,可又怕过于复杂,但是越是有困难的事情,似乎就越有刺激性。

　　大家知道,相声演员的好奇心是比较强的,凡是新的、奇的、有意思的事物都感兴趣。一来因为聪明的天性,二来更是职业的要求,"相声肚,杂货铺"嘛! 现在网络走进了人们的生活,相声演员要想使自己的艺术跟上时代步伐,不被时代生活淘汰,对网络绝不能不闻不问。挖掘生活,网络可以说就是生活必需品。

　　我参加主持的拍卖活动数量不算少了,卖古玩,卖玉器,金银铜铁锡,卖这个,卖那个,就为赚些钱捐助给生活困难、甚至辍学的小朋友。这其中,最有意思的活动是主持网上拍卖。那次活动没有面对熙熙攘攘的人群,人人面对的是屏幕,只是通过互联网,网友在网上竞买、竞拍。表面看没有什么人,实际上,网上也是人头攒动,竞争激烈,让我过了一把面对数不清、看不见的买家却又真买、真卖的"网上拍卖师"的瘾。卖的物件是牛群拍摄的一张照片。

　　我参加的有关网络话题研讨会、座谈会次数也不算少了,但是在京、津二地,两座大学联网座谈,让我难忘。

座谈的题目是今天大家都在网上交往，面对面的机会越来越少了，那么网络使人的关系近了还是远了？

不少人认为，网络使人疏远了，人际关系淡漠了、无情了。并且说科技越进步，人的感情越淡漠。

我当时也参加了讨论，坦率地和大家交流。我的观点是，网络使人的关系近了。

我是说相声的，从历史到现在，说的和听的，总是有一台之隔。就是没有台的年代，"画锅"也是一个圈里、一个圈外。今天，一墙之隔的墙没了。电脑，你爱放哪儿放哪儿，远近随意。只要导线够长。等科技再发展，有无线的了，你把它放鼻子上都行。其实，近了不是指实际距离的拉近，而是情感效果的拉近。在很多方面都能表现出来，比如说地震，通过网络告知大众，把地震灾害的损失降到最低点。困难通过网络减轻了，心灵通过网络沟通了，愉快通过网络大家分享了……今天这么多的同学老师相聚在一起，没有网络，大家能有这样快、这样近距离地旧地重逢吗？就算没有灾祸，别看你们整天在一个校园里，每个人心里想什么谁也不可能都知道。你即使想知道，即使人家也愿意和你说，你也不可能一个一个地去交谈。在网上，一个人面对许多人敞开心扉，许多人又面对许多人，熟悉和不熟悉的人都发表观点和态度，虽然没有面对面，却是心连心，每个人的感受，要胜过面对面谈话的多少倍呢？

我的发言，得到了热烈的掌声。一位女同学走到我跟前说："常老师，我同意您的观点，这一点我们早就交流过了，没想到，今天能够面对面跟您交谈。"

我心里说，交流过？我怎么不记得呢？

"是在网上交谈的"。

"噢,没看见真人？"当时我脱口而出:"咱们有网缘呢！"

她说:"对,是网缘"！

写到这里,电视新正在闻播出"第四届世界互联网大会在乌镇落下帷幕",这真是巧儿他妈碰上巧儿他爹——巧儿碰巧儿！

亲上加亲

我爷爷有一盟把兄弟,共四人磕头盟约,不愿同生,但愿同死。大哥姓桑名振奎,是位弦师,在济南开设一小茶社。二哥侯一尘,用今天的话说就是文化公司首席执行官,新中国成立前叫经历科,再老点儿的话叫拴笼(lǒng)子的,其实他是个地地道道的相声演员,师承郭瑞林先生。三哥是个买卖人,专门制造生乳灵的大同药房的董事长、总经理、掌柜的、售货员……一人兼数职的冯三爷,其实就一人!里里外外就一个人儿!老四就是我祖父常连安。现在一说起相声世家,尽人皆知:那是常家呀!家长常连安!今天我告诉读者您,我祖父本不姓常,还曾三次改名换姓。啊!!常贵田,你可是常家长子长孙,说话可得负责任!各位读者,请您放心。正因为我是常连安的孙子,处事为人特别讲究一个"诚"字,"诚"是我们常家的家风,"诚"是我们国人的祖训,"诚"是我们中华民族的文化传统!

那么我爷爷到底姓什么?他生父姓赵。幼年之时家境贫寒,经常吃了上顿儿没下顿儿,甚至于整天揭不开锅。赵老祖因病早逝,我爷爷随母改嫁,投奔吴姓人家。我爷爷当时年龄虽小,但穷人的孩子早当家!心想:若随之改为吴姓,对不起赵家生育之恩。若仍姓赵,对不起吴家养育之苦。巧了!我爷爷的名字叫"长安",于是他既不姓赵也不姓吴,就改姓常,常、长二字音同字不同。待后来进了富连成,排字加个连字,常安改为常连安,顺理成章。长改常还有另外一条原因:我爷爷是满族。据查,满族萨克达氏进关之后,改为汉姓，姓常者居多。至于我爷爷是不是萨氏后代，说句文话，"尚待查证"。从那以后，北京多了一户常姓人家，于京、津两地作艺，逐步形成"常氏世家"。吴家"续弦"另娶。原本吴家有后，其中一人，名曰吴枫。他酷爱文艺，后来考入北京军区战友文工团，系一名歌手。亦喜爱相声，故常到启明茶社听相声。因他和我祖父有着特殊关系，所以从不收费。马季和吴枫曾经同学，故马、吴同至之时，马季也不收费了。李文华没有这样门路，当然得交费，一个子儿也不能少喽。

拉关系，各有所图。最近我看了几本书，发现文艺界人氏曾经改名换姓者居多。马季的原名就叫马树槐。

其中改姓常者也有。比如评书大咖田连元，曾叫常庚。我向他请教，为何如此？他说这是学名，上学方便。台湾有个女孩，又说评书又说相声。原名叶怡均，她改的名字好记，前边说过了，经常回忆郎君——常忆君。

我爷爷的把兄弟，我的外祖父桑振奎，在我母亲10岁左右的时候，带我母亲和姥姥进京谋事，就住在我祖父宅中——北京西单达智营26号。在这个小院里我妈认识了我爸，天长日久，培养出感情，我父亲也非常喜欢我

常宝堃与夫人桑秀茹

妈妈。十六七岁，到了谈婚论嫁之时。那时候讲究早结婚早得济，我父亲虽然15岁就当上剧团团长，但婚姻大事，仍是听从父母之命、媒妁之言。我爷爷对我妈妈不甚满意，一是觉得没有一技之长，二是身体单薄。幸喜我二姑、我二叔和我妈同庚，从小一起玩耍，互相了解。我父亲自己又十分满意，钟情我妈妈，经过他们共同努力，说服了我爷爷，有情人终成眷属。

我爸妈婚后，我妈妈随我爸长住天津。我们家人多，京、津两地常来常往，把我妈累得够呛！我母亲1924年生人，18岁有的我，在怀我期间，我的亲姥姥病故了，我妈为了我，为了照顾我父亲，没有回济南去照顾重病的母亲，苦哇！从我之后，我妈妈又生了我弟弟、我妹妹，我们一共哥儿三个。我父亲牺牲之后，我妈妈一直照料着我们。她忍着丧夫之痛、母子分离之苦，把我弟弟送到中国戏曲学校学戏，在我16岁的时候，又把我送到了部队，妹妹在天津实验小学上学之时，我妈妈又从天津搬家到北京，一直到她离开人世。她是2011年10月3日离开我们的。开追悼会时，时任中国曲协主席刘兰芳、副主席朱光斗，亲自到会场表示追悼。我除了向他们表示感谢以外，并问："这么忙，您两位领导，怎么抽空参加追悼会来了？"兰芳主席亲切地对我说："你的妈妈可不是一般的女人！不容易啊！为了你们这些孩子，在你父亲故去之后，不但没有再嫁，而且辛辛苦苦，抛弃自己的幸福，把你们培养成人。这不是一般人能做到的。你的父亲，为了祖国光荣牺牲，你的妈妈把你们培养成人，为相声事业做出了贡献，我们应该送她一送。"

人民群众热爱我妈妈这样的烈属，党和政府也关怀我妈妈这样的烈属，经中国人民政治协商会议研究批准，1980年12月14日，我母亲被推选为中国人民政治协商会议北京市西城区第五届委员会委员。1982 年 7 月 31 日,她还出席了国防部在人大会堂举行的中国人民解放军建军五十五周年的纪念活动。

想起往事,我妈妈也真是不容易。我作为一个相声演员,不但要学相声,还要多了解生活,这样才能丰富自己。另外,相声技巧部分也需要名师指点。我妈可能从小就在曲艺圈内生活,又挨着我父亲,她虽不会上台说,但她听得明白,能分辨出好与坏。我今天成了大家比较熟悉的相声演员,应该说我妈也是培养我成长的好老师。在我成长的过程中,她给我出了好多主意。比如说 20 世纪 60 年代初,我随着海政文工团曲艺杂技队到浙江、福建一带演出,因语言的限制、表演技巧的不成熟,不是很受观众的欢迎,观众不爱听,我也拢不住他们的"神儿"。演出结束回京后,我就把这事跟我妈说了,没想到过了三四天,我妈跟我说:"你抽空到你侯大爷那儿去一趟,他会给你说说。"我问我妈:"您怎么说的啊? 侯大爷怎么表态的? "我妈说:"你侯大爷说了,弟妹,这不是你要问的事儿,贵田问的吧,你让他上我这来。"过了两天我真去了,这是我第一次到侯宝林侯大爷的住所——老 302。

侯大爷从演员如何吸引观众、如何与观众沟通,用"农村包围城市"的方法,给我进行了详详细细的讲解,令我一生受用不尽。这是侯宝林老师的培育之恩,也是我妈的教子之心。我妈对我的谆谆教导,虽然不是讲大道理,但会让我牢记常家的家风,让我永难忘怀。我妈妈得病之后,一天,把我们三个孩子叫到家里,从柜子里拿出三样东西,分别给了我们弟兄三个。给我的是一块象牙醒木,这是我父亲说相声的标志,用今天的话说叫 logo。包醒木的是一个手工绣花的小口袋儿,上口有一对玉雕的蘑菇。给我弟弟的是一对进口的玻璃杯,晶莹剔透。给我妹妹的是一对水晶图章,一个是常宝堂印,一个是我妈妈的名字——桑秀茹印。三件东西虽不贵重,但可见我妈的教子之心,内中含义,我们三人全明白了。醒木是让我子承父业,说好相声;一对晶莹剔透的玻璃杯,提醒我弟弟做人演戏都要清楚透亮;给妹妹留的是爸爸妈妈的印章,就是告诉她,你嫁出去了,也别忘了自己姓常。

相声会消亡吗

　　观众来信问我,朋友电话问我,记者采访问我,电视节目主持人对着摄像机镜头问我⋯⋯凡是能找到我的朋友吧,都不约而同地问我:"相声发展,时上时下,长此下去,相声变形,真正的相声会不会消亡?"我毫不含糊地回答他们:"绝对不会!"

　　相声因其以笑的审美特征为艺术特质而被人称为笑的艺术。从古至今、从上到下,哪一个人不需要欢笑!?尤其在今天这个竞争的年代,紧张的生活之间更需要轻松欢笑。虽然,笑与哭都是真诚的表达方式,但没有哪个人愿意采取哭的形式。人们需要笑,而相声正是能愉悦人们身心的好形式,人们需要的怎么会消亡呢?大家之所以询问我们相声的出路,正是关心相声的表现。无人问津的才会消亡,而人人惦记的怎么会没了呢?绝对不会。

　　相声通过笑来针砭时弊、反映人物、表达思想、愉悦听众身心。每个历史时期的相声都给人们留下了深刻的印象,《牙粉袋》《打桥票》把矛头直指日本帝国主义和"刮"民党;《买猴儿》时至今日还让人们告诫自己千万别成那种马马虎虎、大大咧咧、嘻嘻哈哈的人;《夜行记》里的"我",今天在马路上似乎更多了些,也常听到马路上的人指着违反交通规则的人说:"这主儿,整个一个《夜行记》。"《帽子工厂》《如此照相》《假大空》等作品更让人们大笑了一阵,那是对"四人帮"的嘲笑,那是胜利的喜悦。历史的经验告诉人们,相声起着别的艺术门类起不到的作用,相声有它的独特功能。所以一直到

209

如今,春节晚会得有相声,专题晚会得找相声,慰问抗洪勇士相声演员能去第一线,出访时只要想给华人演出就少不了相声。相声以它的独特功能屹立在艺术之林,这个独特的功能不能被别的艺术形式所取代,怎么会消亡呢? 绝对不会。

相声的起源众说纷纭,但就从师承关系来说也已八代人了。一百多年中,出现了不少佼佼者:万人迷、张寿臣、常宝堃、侯宝林……等等。相声之所以能如此持久,并不断出现新高潮,就因为业内有志者多,做出了不懈的努力,佼佼者不是昙花一现的人物,而是历经艰苦磨难,精益求精。相声的发展呈波浪式前进,志士仁人在低谷时求实摸索,待转机时即领导相声新潮流。今天,这样的同人大有人在,老的卧薪尝胆,新人十年磨一剑。实践、失败、总结、再实践,直至成功,有这样一批人的努力,相声怎么会消亡呢? 绝对不会。

文化主管单位对相声事业的关心,给相声注入了新的血液,如同强心剂一般。组织经常性的相声比赛,为的就是推动创作,挖掘新人。万里采风,给相声创作者提供了深入生活的良好机会。中央的首长、地方的领导对相声发展的关注、提供的条件,都是在"促"相声,有如此好的氛围,相声怎么会消亡呢? 绝对不会。

不会消亡不等于没有危险。观众对相声的期望值很高,遗憾的是近年来没有出现几段佳作。我和同人虽有作品问世,但质量不高,不用说传世之作,脍炙人口的也无,大都平平庸庸。相声创作进入低谷,甚至每况愈下。什么原因导致写不出好作品来? 我认为还是那句老语:"缺乏生活。"

当今生活的浪潮,一潮高过一潮,一浪推一浪。比方说你刚刚对街舞研究入门,准备动点儿脑筋,一宿的功夫全改了,改回去了,全改扭秧歌了。真是跟不上。改革的浪潮更是一浪推一浪，对于一件新事物，有人支持，有人困惑，有人怀疑，甚至有人反对，更何况有的此时此地的成功经验就是彼时彼地的失败教训，真是吃不准。人的心态更是五花八门，十个人能有十二个心眼儿。举个例子：比方说某人有了外遇，搁过去，有道德约束；搁现在，还是有人指责，但也有人叫好，还有人夸奖这是追求真正的爱情，甚至于在网上、报纸上、杂志上，公布所谓"事实真相"，一套套的"理论"。发表者无非想多赚几个眼球钱。五花八门的心态我们跟不上、吃不准、看不全，我们在生活的漩涡里打转转。除此之外还有一个来不及。比如"奥运会"是大事一件，人人关注，挖出点东西来写个作品能行，我这儿正打腹稿呐，人家那儿奥委会出问题了，搁笔吧！竞争的年代，"快慢"也检验着对生活的认知程度。所以我们今天还用过去的方法深入生活简直没门，跟不上时代了。必须下大功夫、大力气了解新事物，发现新问题，积累新素材。

好的相声作品必须有超前意识，别人想不到的你点出来了，就高，观众听着就有意思。现在人们的生活节奏，比以前不知快了多少倍，连国家主席和美国总统遛弯儿，都在电视里直播了！多快！人们可以公开谈论，自由评价。"高兴"你可以庆祝，"不满"你可以在家讨论，爱说什么就说什么，只要不犯法就行。人们的思想异常活跃，非常前卫。社会上流传着那么多顺口溜就是明证。我们说的东西还没观众了解得深呢，观众哪能认可？我们演的东西引不起观众的共鸣，哪儿能受欢迎？这就要求我们相声作品、相声演员不但要拓宽生活面，还要深挖细敲。只有了解得多才能摸着规律，只有深入进去才有可能抓住生活的真谛，才有可能产生"超前意识"的火花，不然连火星子都蹦不出来。

现在的观众看得多，见得广，很多艺术手段他们全明白，老套子的东西他们根本不买账。而且观众思维活跃得很。说悬了，你这一张嘴他就知道要说什么，甫等铺垫他就知道了"包袱儿"底，不"出乎意料之外"哪能让人乐起来？这就要求我们创作结构要巧，"包袱儿"要奇，形式要新。相声界内部也在讨论、甚至争论：相声TV是今后发展相声的新形式吗？相声加小品或者是相声小品才是相声出路？群口相声取代对口相声是大趋势？……以我之见，新生活有新特点，有新的思维方法，只要我们相声有这三新，观众就能认可，反之，形式再花哨也是花架子。观众一句"这是相声吗"？就给你毙了。只有投入新生活才能了解人们在想什么、是怎么想出来的，才能探讨新问题，找出新点子，才能创造有血有肉的现代人物形象。

我们常在台上说"相声肚儿，杂货铺儿，要什么有什么"，在台下，相声演员也接受"杂家"的美称，其实我们常感到知识不够用。写的那些段子也反映出知识水平、文化修养较差。加强学习是相声创作者不间断的功课，只有学习才能提高认识能力、识别能力。试想：大家都玩儿电脑了，你还停留在矿石收音机的程度上，这能行吗？这儿刚放上共享单车，你过去把车坐子卸了，这合拍吗？学习的不够在相声作品中有直接的反映。

现上轿现扎耳朵眼儿，再加上萝卜快了不洗泥，更影响了相声的质量。就说春节晚会，过去都是经过实践的好作品拿到晚会上展示，当然听的过瘾，说的有底。而今，春节前现摸底儿，现凑词儿，突击出来的东西本来就不"瓷实"，再一审再审、改来改去，结果不伦不类、不清不楚，质量根本高不了。相声在春节晚会上的地位逐年下降，由过去的大菜变成小菜，甚至配菜、调料，根本原因就在于

"突击"，不深入生活，关起门来胡编乱造，没经过时间和观众的检验，那能好得了吗？

相声质量不高的症结找出来了，对还是不对？敬请大家指正。我相信，相声在这块沃土上一定会结出硕果。

相声不会消亡……也别说，不是有人说地球都要消亡吗？真到那天，听相声的、演相声的、写相声的全都消亡了，相声还不消亡？哪天？就是听的、演的、写的全消亡的那一天。您说我没谱儿？对！这消亡一说，本来就是没谱儿的事儿吗！

跋

在部队,一个班齐步走,通常都是班长在最前边,副班长在最后边,中间是士兵。我的这本书,各章回的排列,也是按队列顺序排列的。介绍我父亲的事放在最前边,书中描述我妈妈的章回放在最后,我的在中间。从引子起,开宗明意,写的就是相声,全文最后一章,叫作"相声会消亡吗",由相声起,自相声落,中间给大家说的还是相声的事儿。因为我是相声人吗。

常氏相声以我父亲为主体,二叔、三叔、四叔各领春秋几十年,但三位叔父的故事,在此书中写的少之又少,因为我打算过后再出第二本,本书的书名叫《五"独"俱全》,第二本初步起名就叫《二三四书》。

众人皆知,对口相声是俩人说的。两个人的合作,关系到人和"活"的成功与失败。我的合作者王佩元先生,在我的书中没有出现,只字未提。这是为什么?王佩元先生是不是跨界另谋高就、改跳芭蕾了?!老王好喝两口,是不是跟李文华一样嗓子不出声了?王佩元呐?……是不是整形变性了!啊?!您随便说,反正他听不见。这些纯属笑谈。究竟为何?我接到通知,2018年,天津将出版发行书籍一本,专门介绍相声演员。据通知人讲,第一个介绍的就是王佩元,并且由我执笔。敬请读者关注。